JN029622

評伝　一龍齋貞水

◉講談人生六十余年

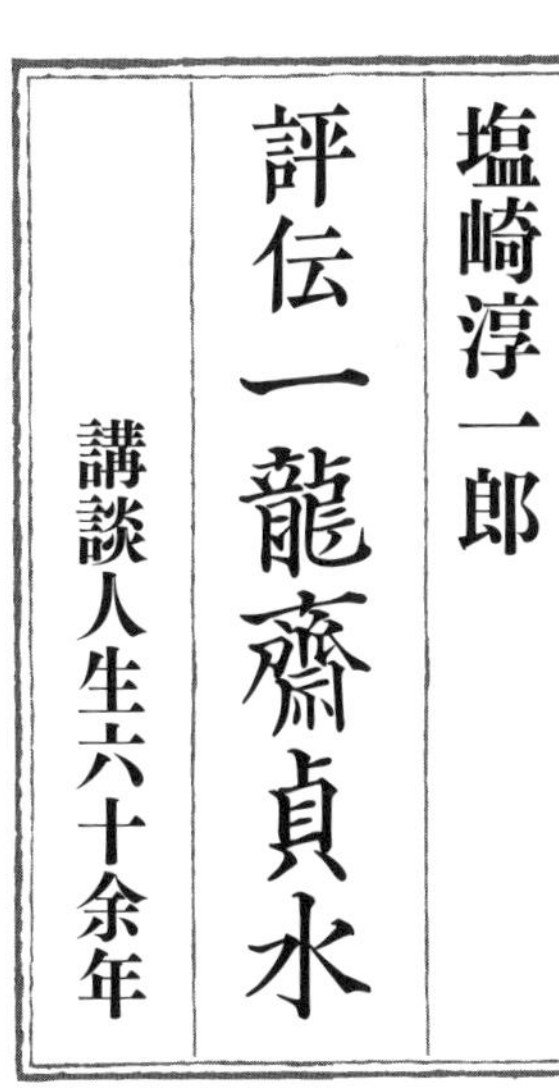

岩波書店

まえがき

令和二年に予定されていた東京五輪に向けての再開発の余波は、静かな住宅街だった東京・文京区の湯島近辺にも押し寄せている。戦災にも焼け残った木造住宅、かつての花街の雰囲気を残す建造物が次々と姿を消し、高層のマンションが続々と建つ。そんな中にあって、湯島天満宮の一角だけは静謐な雰囲気を残し、ビルの谷間にありながらも、大正・昭和の東京の空気が流れる。正月の初詣、合格祈願、梅まつり、秋祭りなどの四季折々の行事で賑わう境内も、週末の婚礼などを除けば、のんびりと参ることができる。

湯島天満宮の境内は、古くは新派の名作「婦系図（おんなけいず）」の舞台として知らぬ者のない名所であった。新派の凋落によって、その石碑を目的に訪れる人は少ないが、「月は晴れても心は闇だ」「別れろ、切れろって、そんなことはね、芸者の時に言うものよ。今の私には、いっそ死ねと言ってください な」というお蔦と主税のやり取りは、日本演劇史に残る名せりふと言えよう。石碑を見つめるお年寄りの姿が時折見られる。また、「婦系図」の原作者・泉鏡花の「筆塚」も境内にはある。

天満宮から東へ上野広小路方面にくだる標高差二十メートル近くの急峻な石段、これを「男坂」と言う。その石段の上に、「講談高座発祥の地」という石碑が建つ。江戸時代半ば頃まで辻講釈という形をとり、街角で演じられていた講談だが、湯島天満宮の境内で講釈を演じていた伊東燕晋（えんしん）が、文化四年（一八〇七年）、この地に高さ三尺の高座を設けたという言い伝えが残っていることから、この石碑が建てられた。講談にゆかりの深い土地なのである。

その男坂を下った左手の崖下にある下見板張りの木造家屋に、講談界で初めて人間国宝認定を受けた六代目一龍斎貞水（いちりゅうさいていすい）が住んでいるというのも、なにかの因縁だろう。一階は、貞水のおかみさんが経営する居酒屋「太郎」、二階から上が貞水の居宅である。そこに一歩足を踏み入れると、棚に整然と並ぶ、演目ごとに分けられた膨大な速記本に息を呑む。その速記本が、目の前に座る貞水の脳髄に記憶された上に、高座で自在に演じられることが、奇跡のように思われる。

貞水は平成十四年（二〇〇二年）、人間国宝（重要無形文化財保持者・各個認定）になってから、令和元年（二〇一九年）に三代目神田松鯉（かんだしょうり）が二人目の人間国宝に認定されるまで、講談界の孤塁を守り、芸の伝承に努めてきた。落語が幾度かブームになる一方で、講談は寄席芸の中で脇の位置に追いやられたが、貞水はそんな逆境にあっても、自らの芸を高め、後進を育成し、文字通り全国を飛び回って講談の魅力を発信しつづけてきた。貞水の存在がなかったら、と考えるだけで、講談界におけるその功績の大きさが伝わるというものだろう。

だが、本人は至って泰然自若、柳に風という風情で今も日々高座に上がる。

筆者は、その裏にある貞水の懸命に生きる様の一端を、垣間見る機会を得た。がんという重い病を得、日常生活では吐き気をこらえ、思うように息ができなくても楽屋で酸素吸入器を外し、飄々と高座に臨む。ここぞといった場面では熱のこもった至芸を披露し、観客を圧倒する瞬間に立ち会ってきた。そんなとき、貞水の芸の凄みの本質に触れたような気がして、その芸がいかにして生まれ、育まれ、高みに達したかを知りたくなった。貞水に生い立ちから現在に至る歩みを聞き、その足跡を後世に残すことは、講談界にとってのみならず、近代日本のドラスティックなパラダイム・シフトの中で、伝承芸そのものを感得するために必要なことであろうと信じて、この書を上梓する。

講談という芸能が今後も生き続け、後世の人間が昭和、平成、令和の芸界を振り返ったとき、そこに一龍齋貞水という芸人の存在が間違いなく屹立し、語り継がれていることだろう。

目　次

三　忘れえぬ先人たち──貞水に聞く──115

装丁＝桂川 潤

一　貞水八十年の歩み

父親のこと

湯島天満宮の男坂の下、今も住んでいるその家で貞水は、昭和十四年六月二十九日、生を享けた。本名、浅野清太郎。今、一階の居酒屋の屋号が「太郎」になっているのは、その名前から取ったものである。木造の棟割住宅であるが、その造りはしっかりしていて、先の大戦の戦火でも焼けなかった。徒歩で十分ほどの上野広小路は空襲で猛火に包まれ、寄席の鈴本も焼失している。貞水の家のある天満宮下の一角は、関東大震災でも奇跡的に被害を免れ、今も古き良き東京の雰囲気を残している。

湯島はかつて花街であったから、貞水にもその思い出は残っている。「自然と芸者さんの三味線の音が耳に入る環境でした」と懐かしそうに幼時を振り返る。貞水の高座を一度でも聴いた人なら分かるであろうが、その言葉遣いは由緒正しい東京言葉である。「ひ」を「し」と発音してしまうところなど東京っ子の正統を継いで、講談という江戸、東京の芸を伝えるにあたり、アドバンテージがあったのは確かだろう。

天神下の家は、父が戦時中に買った画材置き場だった。父・浅野彦兵衛は、雅号を宇晴(うせい)と称した日本画家で、書や焼き物も手掛けていた。母は、てう(ちょう)。父の実家は、本郷三丁目にあった

湯島天満宮で。左から父、五歳頃の貞水、母、親類と

「大井屋」という毛織物問屋。今で言うところの時代の最先端を走るアパレル産業で、当時の東京近郊の代表的な別荘地の一つ、滝野川（東京都北区）にも広大な土地を所有する大店だった。

それゆえ金回りは良く、宇晴は十一人兄弟の長男で本来は旦那を継ぐ立場だったが、生涯を趣味人として過ごした。

貞水は父に可愛がられ、大事な息子ということもあって、戦時中は箱根湯本の別荘に疎開。物資不足の時代にあって、「強羅のホテルで食べたアイスクリームの甘い味が忘れられない」と述懐するほどだから、坊ちゃん育ちと言っていいだろう。

貞水の語る宇晴の思い出は、大店の若旦那らしい豪放磊落なエピソードに彩られている。料理屋に上がり、鰻などを食べても「失敬」と言っただけで立ち去る。後で店の番頭が払って廻る段取りになっていたから、本人は至って無頓着なのだ。戦時中、箱根の別荘に来客があり、床の間の花瓶や掛け軸がいつの間にか消えていることも珍しくなかったが、「あの人も苦しいのだろう」と言って、笑って見逃す。おおらかで、人間が大きかったというのが、宇晴に対する貞水の印象だ。それでいて、神経細やかで子供思いの面を見せるときもあり、貞水が講談界に身を投じた後、こっそり師匠のもとを訪れて、息子の行く末を頼んだという。

宇晴が亡くなったとき、母は貞水に「借金取りが押し寄せるよ」と気を揉んだらしいが、出入りしていた料理屋などは「いいですよ。旦那には生前、さんざんお世話になりましたから」と言って、借金を取り立てようとはしなかったというから、その人徳がうかがわれる。貞水から感じられるのは、口では「有り余る財産を湯水のように使っちゃった」と言うものの、一芸術家としてその生涯を全うした父への敬慕である。小さなことにこせこせせず、周囲の人間を大きく包み込もうとするところは、宇晴から貞水が受け継いだ旦那気質なのだろう。

宇晴の墓は、巣鴨の善養寺にある。

時折、お年寄りで賑わう巣鴨の地蔵通り商店街を抜けて墓参りに行く。人間国宝に認定されたときも、父の墓前に報告した。人前では照れて「バカ旦那だった」と言ってしまうが、今もなお、空襲で、父に背負われて逃げたときの背中のぬくもりを忘れられずにいる。

初高座

清太郎少年は湯島小学校を出て旧文京区立第四中学校に進む。中学校のとき、学芸会で芝居を演じて楽しかったと振り返るが、演芸との縁は薄かったという。父・宇晴は、上野・鈴本の回数券を持っており、清太郎少年も一緒に行った記憶があるが、せいぜい二、三回だった。講談の定席、上野・本牧亭は歩いて十分も掛からない場所にあったが、本人の回想では、「父の絵の展覧会を本牧亭で開いて、ついでに講談も聴かせたときに足を運んだ程度」に過ぎなかった。だが、ラジオで落語、講談には親しんでおり、後年、同窓会で出会った級友に、「教室で一席、演じたことがある」と聞かされ、自身、大いに驚いたと述懐する。

中学を出るにあたって、機械いじりが好きだったので、水道橋の都立工芸高校に進むつもりでいたが、級友が幾人も北区赤羽にあり、難易度の高かった都立城北高校を受験すると聞き、腕試しのつもりで受けたところ、学校の教師の予想に反して合格した。級友のほうがみな落ちて、びっくりしたという。地頭が良かったのだろう。せっかく合格したのだからと、城北高校に進んだ。昭和三十年のことである。ところが、学校がちっとも面白く感じられなかった。「当たり前の話ですが、苦手な音楽や英語、数学の授業があって、すぐに嫌気が差したのです」。運命をドラスティックに変える出会いは、そんなときに訪れた。講談界の老大家、四代目邑井貞吉(むらいていきち)との邂逅である。

四代目邑井貞吉は明治十二年(一八七九年)の生まれ。数え年十七歳で三代目貞吉に入門。明治期の講談界の全盛期を過ごし、数多の名人上手の高座を肌身で感じ取った世代である。自身も新作講談を売り物に人気を博し、戦後には人望の厚さから講談組合頭取まで務め上げた文字通りの斯界の重鎮であった。実は父・宇晴と貞吉は骨董の鑑定などを通じて仲が良く、その縁で清太郎少年も貞吉とは顔見知りだった。

「思い付きで、田園調布にあった貞吉先生の家に遊びに行ったのです。偉い人とは知っていましたが、講談師になろうとは全く思っていませんでした」。学校に行っても面白くない。中学の学芸会で芝居をやって面白かったので役者になりたい。そんなことを貞吉に話すと、講談を知っているかと問われたので、ラジオで聴き覚えた「河内山（こうちやま）」と「徂徠豆腐（そらいどうふ）」を五分ずつぐらい読んだ。貞吉は「随分と短いねえ」と評した後、「雨あられ　雪と氷と隔つれど　落つれば同じ　谷川の水」と言って、「芸事の極意は一つなのだ。僕は今、本牧のトリをとっているから一緒に楽屋へいらっしゃい」と清太郎少年を誘った。貞水は「これが人生の分かれ道でした。講談師生活が長くなった今になって思うのですが、青雲の志を抱いて講談師になるより、偶然の出会いでこの道に入った人間のほうが長く続くような気がします」と言う。

貞吉のかばん持ちとして本牧亭に足を踏み入れると、楽屋には前座として後年、入場行進の国名を息もつかせぬ勢いで喋り倒していく「東京オリンピック」の講談で一世を風靡した田辺一鶴（いっかく）がいた。一鶴は重鎮の貞吉が連れてきた少年を孫と勘違いしたらしく、親切に世話を焼き、座布団を出し、お茶を勧めた。「講釈場の楽屋は随分と居心地がいいところだ」と思った清太郎少年に、貞吉は「家でやった講談をやってごらん」と持ち掛け、学生服のまま高座に上がり、「河内山」と「徂徠豆腐」を同じように読んだ。座敷にお客は一人か二人だったそうだが、学生服姿の少年が講談を読むのに驚いた様子だったという。「貞吉先生は遊び心で僕を出したのです。後にも先にも学生服で本牧亭の高座に上がったのは僕だけでしょう」と貞水。前代未聞の初高座だった。

その「初高座」のあくる日からは学校には足を向けず、足繁く本牧亭の楽屋に通った。貞吉は、清太郎少年の父親を知っているから、「帰りなさい。お父さんに悪いから」と言い聞かせたが、高校にほとほと嫌気がさしていた少年は追い返されたくない一心で、「講談師になりたいのです」と勢い込んで言った。「志があったわけでもなんでもないのですが」と貞水は照れながら振り返るが、貞吉に人間的な魅力を感じていたのは事実だった。温厚篤実である上に、講談師という個性の強い芸人の集団をまとめる包容力を、少年がどこかで感じ取っていたのは間違いのないところだろう。こうして、清太郎少年は講談師への一歩を踏み出した。間もなく十六歳を迎えようとする、幼さを残す新人講談師の誕生だった。

貞吉に弟子入りしようとしたが、「僕は弟子を取らない。誰の弟子になりたいか」と問われた。そのとき、「河内山」や「徂徠豆腐」をラジオで聴き覚えたとき、口演していた講談師の名前が脳裏に浮かんだ。五代目一龍斎貞丈（ていじょう）。「貞丈という人の弟子になりたい」と言うと、貞吉は即座に「貞丈ならいい」と合点し、貞丈への入門が決まった。貞水は振り返って、「七代目貞山（ていざん）先生や五代目馬琴（ばきん）先生の弟子になったら、三日と持たなかったでしょう」としみじみと語る。貞吉は貞丈に

「俺の竹馬の友の倅だから、どうせやめるだろうが、しばらく預かってくれないか」と頼み込んだという。

当時の講談界は、五代目貞丈、五代目宝井馬琴、七代目一龍齋貞山が「三羽烏」として、脂の乗った芸で切磋琢磨し、人気を分け合っていた。戦災で講釈場の多くが焼け、演芸の世界に文字通り君臨していた六代目一龍齋貞山が昭和二十年三月の東京大空襲で戦災死したほか、戦後間もなく名人上手が次々と鬼籍に入り、若手の有望株も戦死して、講談界は大きな打撃を受けていた。

もっとも、さかのぼってその背景を探ると、倉田喜弘の『芝居小屋と寄席の近代』(岩波書店)は、日清戦争あたりが講談のピークだったことを指摘している。雑誌や新聞が競って講談の速記を載せ、東京府の講談師の数は明治十七年には四百二十四人を数えていた。ところが、浪花節や落語の台頭、活動写真の浸透に加え、国民全体の教育程度が高まり、史実を顧みないことによる芸能近代化の路線に講談が乗りはぐれたこともあって衰退していったことを倉田は指摘している。

明治の末から大正中期にかけては、大阪の立川文明堂が刊行した少年向けの講談文庫本『立川文庫』が一大ブームとなった。ノーベル賞を受賞した湯川秀樹や、眠狂四郎シリーズで有名な柴田錬三郎も少年期に愛読したというほどの人気ぶりで、社会階層を問わず講談の社会的認知に大きな役割を担った。「猿飛佐助」「霧隠才蔵」などの作品を少年たちは夢中になって読み耽ったが、次第にその質が下がり、大正末期にはブームは終焉を迎えたと足立巻一は伝えている(『復刻　立川文庫傑作

選』第二十一巻『解説 立川文庫』収録「立川文庫誕生の背景」講談社）。

また、佐野孝の『講談五百年』（鶴書房、昭和十八年）は次のように説く。

「今日講談は如何なる状態にあるか。外見的にこれを見れば講談は今や衰滅の境にあるのである。市内には講談席として存するもの僅かに二軒、深川の永花亭と八丁堀の聞楽を残すのみで、講談師の数も三十餘人に過ぎない。席数二百、講談師八百名を算した隆盛の時代に比すれば、もはや衰滅したと云つてもいゝくらゐのものである。しかも次代を背負ふて立つ新進若手が存するかと云へば皆無といふに等しく、現在、弟子の数よりは真打の方が、はるかに多いのである」

さらには戦後、連合軍占領下にＧＨＱ（連合国軍総司令部）の下部組織ＣＩＥ（民間情報教育局）は、戦前・戦中の日本の軍国主義的風潮を撲滅するために、映画・演劇・文芸などのなかから封建遺制の排除を目指して、強力な検閲体制を敷いた。なかでも、忠臣愛国の名のもとに仇討や切腹を礼讃する講談・浪曲の徹底的な検閲・取り締まりを行った。その結果、講談界は火の消えたような様相を呈したのである。そうした中にあって、昭和二十六年のサンフランシスコ講和条約締結後も日の浅い昭和三十年春、頬も赤い十五歳の少年が講談界の門を叩いたのだから、斯界の大人たちがこぞって歓待したことは容易に想像できるのである。

そんな中にあっても貞吉のような老大家、貞丈らの「三羽烏」らが気を吐き、講談界を再び隆盛に導こうと尽力していた。若手の志望者が少ない中で、清太郎少年は久々の入門者として文字通り、講談師やファンの期待を一身に集めることになった。貞水は「入門当時が講談師生活で一番マスコミに注目された時期だったような気がします」と冗談めかして語るが、当時の新聞記事を見ると、まんざら大袈裟とは言えないようだ。大きな写真付きで清太郎少年の写真が載り、「講談界異色の新人」などの見出しで経歴などを取り上げている。

「僕が楽屋に入った当時の若手と言えば、吃音(きつおん)矯正のために講談師になった一鶴さん、そして後に六代目宝井馬琴（一九三五～二〇一五年）となる琴調(きんちょう)君ぐらいでした」という状況下にあって、一鶴は人柄に定評はあるものの、そのエキセントリックな言動から周囲の期待値は低く、琴調は師匠の五代目馬琴が「囲い弟子」のような形で自らの手元に抱え込んでいたから、お茶くみをはじめとする膨大な楽屋仕事は自然、清太郎少年に降りかかることになった。ここから、長く続く前座生活が始まるのである。

第二の父、師匠貞丈

貞水を考える上で、三人のキーマンの存在の大きさを頭に置く必要がある。幼少期の人間形成期に大きな影響を受けた父・宇晴、講談界入りのきっかけを作り、後の講談師生活で大きな後ろ盾となった邑井貞吉、そして第二の父とも言える師匠の五代目一龍斎貞丈である。貞丈の思い出話をするとき、貞水は文字通り手を膝に置き、居住まいを正して、その人間のスケールの大きさを強調して止まない。実際、貞丈はその芸の高み、人徳もあって、講談界のみならず、落語も含め演芸界に大きな影響力を持ち、政財界にも多くの人脈を誇るなど、昨今の芸人とは一味も二味も違った講談師だったらしい。当然のことながら女性にももてた。艶っぽい話にも事欠かない。

昭和四十三年(一九六八年)七月、講談組合頭取のまま急逝したが、葬儀は築地本願寺で盛大に営まれ、会葬者数千人という規模は今も語り草になっている。没後間もなく『生きている貞丈』という追悼文集が出ているが、故人の交友の幅広さを物語るように、政・財・芸界はじめ各界の重鎮、中堅、若手らが競うように六十一歳での早い死を惜しむ文章を寄せている。死後、勲四等瑞宝章を追贈されたことからも、その業績と威光が偲ばれる。

貞丈は明治三十九年(一九〇六年)生まれ。十九歳で四代目昇龍齋貞丈の弟子となり、読み物の幅も広く、若くして人気講談師となった。昭和六年の若手人気投票では、二十四歳で一位となっている。新作にも積極的で昭和二十九年ごろから毎月、本牧亭で新作発表の場を持ち、エミール・ゾラ原作の「嘆きのテレーズ」などを口演している。ラジオ出演にも積極的で、清太郎少年がラジオを通じて貞丈を知ったのは、それがきっかけだと思われる。

前述の通り、清太郎少年が貞吉に「貞丈に入門したい」と言ったとき、貞吉は「貞丈ならいい」と即座に賛成し、入門の労を取ったことからうかがえるように、貞丈は老大家も認める講談界の実力者だった。貞丈は少年を受け入れたものの、甘やかすことはなかった。入門当初、「名前はどうしましょうか」と問うた少年に対し、「まだ、いい」と言ってしばらく名前を付けなかった。貞水によれば、入門してすぐ名前をもらうのは近年の悪習のようだが、ようやく貞春の名をもらいホッと安堵したのもつかの間、黒門町（八代目桂文楽）に「貞丈の弟子か。いい人の門に入った。ただ、あの人をしくじったら芸界では生きていけませんよ」と釘を刺され、厳しい師匠についたと改めて身の引き締まる思いがしたという。兄弟子に「師匠から同じ小言を二度言われたら破門だよ」と脅され、必死に師匠の下働きをした。貞春にとって印象的だったのは、言い訳をすると怒る師匠の姿だった。「電車の事故で遅れましたと言ったら、『申し訳ありません、の一言でいい。どうしたのだ、と聞かれたら理由を言え』と叱られました」と述懐する。ただ、利発な貞春は、師匠の家の下働き、楽屋働き、師匠のかばん持ちなど様々な仕事をそつなくこなし、可愛がられた。「先輩がある用事を済ませたら、自分はその二倍の仕事をこなそうと思って、常に目を光らせ、神経を張り巡らせていた」と話す。心構えが凡百の新人とは一味違っていたとみえる。

入門してすぐのころ。本牧亭の前で

　貞丈の教育は、ネタを教えるというよりも、講談師としての人間性を磨くところに特徴があった、と貞水は今、振り返る。落語の稽古は、師匠と弟子が差し向いになって「三遍稽古」という形を取り、口伝えで教える。一方で、貞春の周囲の講談の稽古は師匠が読むのを弟子が聴いて、地名や年号、人名や国名など、固有名詞などを間違えないよう「点取り」でメモし、そのメモを元にネタを師匠の前で読み、師匠から注意を受けるというやり方だった。しかし、貞丈は超が付くほどの売れっ子で多忙。悠然と稽古をしている暇はない。自然、師匠の高座を楽屋で聴き覚えていく方法に頼らざるを得なかった。「一度、『男の花道』をやってこい、と言われ、できませんと答えたら、ひどく叱られました。師匠いわく、俺は体調が悪い日でも高座を命がけでやっている。それをそばで聴いていたお前がなぜできないのか、と言うのです」。貞丈の口癖は、「芸は覚えるものではない。盗むものだ」であった。貞春は、前座時代から、そんな師匠の高座への厳しい態度に接し、その教えが身に染み込んだ。師匠の家を訪れ、稽古をお願いしても、「高座から盗め」と言われて引き下がることも度々だった。時折、差し向かいで稽古をしても、「だめ」「だめ」と繰り返し言われ、同じ箇所を幾度も読んでいるうちに、突然、「それでいい」と言うだけのこともあった。

貞水は今になって思う。どんな了見を持って普段の師匠の高座に接し、本牧亭の楽屋働きをしながら諸先輩の芸を聴き、それを吸収し、自家薬籠中の物にしていくか。安っぽい技術論よりも、はるかにネタが身に付き、講談師としての人間性が磨かれる。十五歳で入門した少年にとって、それは学校で学ぶ勉強以上に自らを磨く修業の日々だった。貞丈は、貞春を育てるため、貞吉ら老大家の面々が健在だった本牧亭の楽屋での修業を優先させ、講談の世界にどっぷりと身を浸し、全身を一人前の講談師として染め上げるための環境を整えた。貞丈という師匠はなんと弟子思いだったことか。日本の伝統的な芸の伝承の本質を知る者だけが教え、学ぶ環境がここにあったといえまいか。

　本牧亭が平成二年に閉場し、講談の定席がない今、楽屋に全身を浸して戦後の「三羽烏」黄金期を記憶し、芸人の香気を漂わせることのできる講談師は、貞水のほかにいなくなった。貞水こそが最後の生き証人であり、生き字引であることが、人間国宝の肩書以上の価値を持つ。琴調が五代目馬琴に囲われて育ち、ネタの数をどんどん増やしていく時期、貞春は「前座の中で俺が一番下手なのではないか」という思いに駆られたことも正直言ってあったという。そんな焦燥感を見かねた本牧亭のおかみ、石井英子（ひでこ）が貞丈に「貞春さんがかわいそう」と言ったら、貞丈が顔色を変えて「俺の弟子だ、余計なことを言うな」と叱った。貞丈は、弟子の育て方をよく計算していたのだろう、というのが、貞水の推測である。前座の〝必修科目〟である「修羅場（しゅらば）」より、客受けするような話を貞春が読むと、貞丈は「そういう話は、俺がやったほうが、客が喜ぶ。お前は聴かせなくていい。お客に喜んでもらうのは俺たちがやる。お前はお客の前で稽古をしていればいい」と懇々と言い聞かせ、さらに「恥をかけよ」と付け加えた。貞春の心構えはこれで定まった。

　貞水が師匠の貞丈を語るとき、ふだんの謙遜癖から「ほったらかしだった」とぶっきら棒に言うが、貞春時代、貞丈が柳橋の座敷の仕事を終えて帰るとき、お供で一緒に行った貞春に料亭の壁の張り紙を指さして言った。「見習い募集、と書いてあるだろう。見て、習う。芸人も一緒だ」。貞水はこのエピソードを好んで語る。それだけ印象に残ったのだろう。講談というジャンルを越え、伝統的な芸を習得する者の心得の本質を言い表す師匠の言葉は、六十年以上経った今も貞水の脳裏に刻印されている。十五歳の少年が人間国宝の講談師にまで成長するうえで、貞丈の存在は不可欠だった。第二の父として育ててくれた師の恩を、貞水は片時も忘れることはない。

老講談師たち

貞水を育ててくれたのは、師匠の貞丈ばかりではない。老講談師と称される年老いたベテラン講談師が、前座の貞春に話を仕込み、稽古をしてくれた。貞水は、安藤鶴夫の直木賞受賞作『巷談(こうだん)本牧亭』などで知られる木偶坊伯鱗(でくのぼうはくりん)、桃川燕雄(ももかわえんゆう)といった先達への感謝の言葉をしばしば口にする。伯鱗は一度は講談師を辞め、講談組合の番頭のような仕事をしていたという経歴を持つ老人。燕雄も東京は谷中の、寝転がれば屋根が壊れているから星が見えるという朽ちた長屋に住んでいる貧乏が売り物のような講談師だった。だが、二人に共通していたのは、明治、大正の講談全盛期を知り、幾多の名人上手の高座を耳で覚え、持ちネタは、もはやほかに伝える人のいない貴重なものが多かった。貞水は言う。「こうした老講談師は、『もう自分が世に出ることはないだろう。でも、自分が長年蓄積したことの数々を誰かに残したい』という強い意欲を抱いていました」。そんな老講談師にとって、新入りの弟子がほとんどいない時代にあって、弱冠十五歳の少年が楽屋に入ってきたのは、一条の光明だった。身元保証人は組合頭取を務める邑井貞吉、師匠は飛ぶ鳥を落とす勢いの一龍齋貞丈という後ろ盾のあった貞春は、老講談師たちから講談の様々な話を教わる運びとなる。

この若者を一人前の講談師にしてやろう。そんな思いが老大家である邑井貞吉、二代目神田松鯉、服部伸（はっとりしん）たちをも動かした。そして、貞春もその期待に応え、ネタを吸収していった。師匠の貞丈も「伯鱗さんや燕雄さんがお前に教えてくれるから、俺は助かる」とバックアップし、大先輩に「うちの貞春がご迷惑を掛けています」と丁寧に礼を言ってくれていた。そして、貞春は貞吉ら大看板の先生方の高座に必死に耳を傾け、自らの芸の肥やしにしていった。楽屋で突然、「今、ここでやってみろ」と言われたり、「これから俺が高座でやるから、よく聴け」と言われたりする日常が、少年を鍛えていった。「今思うと、大変な贅沢だったと思います」

貞水の芸を語る上で、昭和三十年代の本牧亭の楽屋に君臨していた老講談師たちの薫陶を欠かすことはできない。これもまた、貞水が現下の講談師の中で最後の世代にあたる。貞水のいわく「間に合った」という表現がぴったり。この出会いこそが、講談という芸能を今に伝える上で非常に重要だったことが、貞水の高座からもひしひしと伝わってくる。

その証左が、昭和五十年、文化庁芸術祭で優秀賞を受賞した「鉢の木」。今も時折高座にかけるが、その朗々たる口吻、聴衆を引き付けるリズム、漢語交じりの美文は、これぞ講談という魅力に満ち溢れている。鎌倉時代、執権北条時頼が出家して旅の途中、下野（しもつけ）国佐野の里で、雪に難儀し、一夜の宿りで巡り合った源左衛門常世（つねよ）という武士が秘蔵の鉢植えの松の木を薪として囲炉裏にくべてくれた。常世は相手が時頼とは知らないまま旅僧に今は困窮しているが、「いざ鎌倉」となれば駆けつける、とその心中の覚悟を語る。そして、後日、いざ鎌倉という事態に常世は痩せ馬で駆けつけ、その心中が嘘ではなかったことを時頼は知り、常世に恩賞を与えた――という話だが、これを前座の貞春の時分、まだ十六、七歳で覚えた。教えたのは、伯鱗。稽古にあたって伯鱗は貞春に切々と語った。「あんちゃん、これは板にかけなくていい。ただ、この『鉢の木』という話は、ほんとうの講釈なんだ。俺が教えた奴は、みんな今様に直しちまった。こういう講釈もあるんだ、ということを後世に伝えてくれ。だから、一字一句直さず覚えてくれ。それを約束してくれたら、この話が元になった『田沼騒動』も教えてやる」。貞春はその約束を守り、今も伯鱗に教わった通りに高座でこの話を披露する。そして、「鉢の木」を口演しているときの貞水は、正統の講談を受け継ぐ者としての責任を、人間国宝となった今でも、愚直に果たそうとしているかのように見える。

「この話は、僕にとっては最初から最後まで徹頭徹尾、どうにも直しようがないのです。完成され尽くした作品と言える。古い型とも言えますが、『読む』という表現がぴったりの講談。かなりくたびれますが、それだけにやりがいのある話です。読んでみないと分からないでしょうから、少しやってみましょう。

「『それ雪は鵞毛に似て飛んで散乱し、人は鶴氅を着て立って徘徊す』と唐詩にある通り、常世は古に替る姿の山猟師、仇に月日もたつか弓、帰る道さえ白妙の世に有る時は詩歌連俳、己がままに面白う有りつらん、もと見し雪も、今見し雪も、雪に変りはなけれども、変り果てたる我が身の上、袂も狭く、袖朽ちて、細布衣陸奥の、今日の寒さを如何にせんと云いつつもどる我家のかど、『今もどりしぞ』『お兄上様お戻り』『我夫様お戻りか』と出むかえる白妙玉笹の姉妹……」

これを十代後半で覚えるというのは、今から見れば、相当の英才教育だろう。貞水は「全編こんな調子で、現代の読み口ではない。江戸時代の頃から変わっていないかもしれない。僕も若かったから、どんな漢字を書くのかも分からず丸暗記できた」と話す。そして、この話を覚えたことから、佐野源左衛門常世の子孫が出てくる「田沼騒動」も伯鱗に教わり、自らのレパートリーを一層豊かにできたのである。そして貞春時代の貞水は、十代にもかかわらず、本牧亭で「鉢の木」を口演した。聴衆は、幼さの残る少年が本格古典を読みだしたから、一様に驚いた様子だったという。「入船堂というあられ屋は今もありますが、そこの隠居が本牧の常連で、僕の高座が終わると楽屋にすっ飛んできて、小遣いをくれたことを覚えています」。伯鱗の教え通り、一字一句直さずに読んだことに加え、少年が後継者不足の講談界にあって、正統の古典を受け継ぐ真摯な姿勢を見せたことも聴き手の心を打ったに違いない。昭和三十年代前半の出来事である。

燕雄もまた、この少年に講談の将来を託した。燕雄は晩年、前述の『巷談本牧亭』で世間に広く名を知られるようになるのだが、それまでは講談界では名物男であっても一般には無名だった。「燕雄先生の家に行ったら、本が一冊もなかった」と貞水はその驚きを今に伝えるが、燕雄の頭の中には、講談の膨大な名作の数々が刻印されていた。だから、他人の間違いにもすぐに気付き、貞春が伯鱗に教わった話を高座で口演し、楽屋に入ると、燕雄が「伯鱗大兄はそのようにおっしゃったかもしれませんが、実際は……」と言って、間違いを正してくれたという。「田沼騒動」の中の、「天明四年弥生……」という歌を詠む場面では、「若先生、あれはテを高く発音して読みなさい」と、細かいところまで注意してくれた。田沼の刃傷事件に関わる場面なので、「天明」と「天命」を掛けていることを教示してくれたのである。また、稽古では登場人物の名前を毎回、フルネームで略することなく教えてくれたので、非常に覚えやすかった。「ただし、早口で唾が飛ぶのには閉口しましたが」と貞水は苦笑交じりで振り返る。それでも、名人上手のやり方を幾通りも知っている燕雄が、それを懇切丁寧に再現して教えてくれたことは、貞春の芸の幅を大きく広げることになった。

燕雄に続きものを教わるときは、朝に稽古をしてもらい、そのまま本牧亭に出勤してそのネタをかけ、次の日もまた朝に教わり、の繰り返しだった。昼席と夜席を掛け持ちするときには一日に二回できるので、若さもあってそれで完全に覚えてしまった。楽屋には燕雄が常に控えており、貞春の高座にじっと耳を傾け、気になる点があれば、「若先生、あそこは……」と指摘する。まさに一日中、講談漬けの毎日を送った貞春時代、海綿が水を吸収するがごとく老講談師たち、そして老大家たちからネタの数々を授けられた。定席のない現在の講談界では到底考えられない芸の高みに満ちた幸せな時代を、貞水は過ごした。

昭和五十年当時、講談界の現状について記した阿部主計（かずえ）は「あまりうまいとは言えない先輩の老人たちが、教えては死んで行った。その技術のどこかにほの見えた、微かな光沢を感じとり拡大して、昨日の輝きをある程度再現してみせている高座上の秀才、例えば現一龍齋貞水のような人もいるのだから――」（『伝統話芸・講談のすべて』雄山閣出版）と書き残している。観客の側も、貞水が老講談師たち、老大家たちの芸の正統的な伝承者であることは、認めていたことが分かる。古くから講談を聴き続けている本牧亭の常連たちの期待をも、貞水は一身に集めていたのである。

前座修業

十五歳の新入り前座は、師匠の貞丈から「俺の家に来るぐらいなら、本牧亭に行け」と言われ、教えを守ってせっせと本牧亭での前座修業に励んだ。先生方が来たら座布団を敷き、お茶を出す。先生によってお茶の濃さや温度の好みも違うから、そのあたりも飲み込んでのお茶出しとなる。着物を着せたり、畳んだり。父親が日本画家だったから袴の畳み方はお手の物だったと冗談めかして語るが、目の回るような忙しさだった。高座の先生方にさりげなく交代の時間を合図し、高座の合間には釈台の拭き掃除もする。とにかく自分以外はみな先輩だから、気を抜く暇がない。それでも貞春は覚えが早く、気が回る性質だったから、多くの先生方に可愛がられた。同じく前座でいた田辺一鶴は対照的に万事が不器用で、楽屋仕事でも失敗続きだったが、どこか憎めないキャラクターでこの人も先生方に「仕方のない奴だなあ」とぼやかれながらも愛されていた。その意味でも、本牧亭の楽屋にはどこか家庭的な雰囲気が漂い、修業の厳しさがある反面、居心地は良かったという。

貞春はここで多くの名高座を聴いた。そばを見れば、楽屋仕事をしながらだから、目は楽屋に向けていたが、耳はいつも高座に傾けていた。そばを見れば、一鶴も楽屋と高座を隔てる板に耳を押し付け、必死に高座を聴いていたという。そこにはおのずと芸を切磋琢磨する環境があった。師の貞丈が「本牧に行け」と言うのは、それなりの根拠があったのだ。

貞春が弟子入りしたころ、本牧亭は十日間で一つの興行だった。だから、真打と言われる先生方はみな続き物を読んだ。続き物の特徴は、一つの演題の中にも軟らかく笑いを誘うようなくだりがあるかと思えば、客席に緊張感が漂うようなじっくり聴かせる場面もある。つまり、講談師が硬軟取り混ぜて観客を飽きさせず、毎日、本牧亭に足を運ばせるだけの腕がなければ真打の資格はなかった。「世話物のような読み方をしたかと思えば、修羅場のように読むところもあり、読み分ける技量が必要とされていました」と、当時の様子を振り返る。「前座からして続き物でした。後年、本牧亭の興行日数が減るに従って続き物が減ったことを思えば、幸せな時代に楽屋に入ったと改めて思います」

本牧亭の客席は、言わずと知れた畳敷きである。貞春時代には、まだ手あぶりの火鉢が置いてあった。講釈席名物の木枕はさすがに姿を消していたそうだが、寝転んで聴く客の姿はおなじみだった。寒い時期には、お茶の入った土瓶と火鉢を貸し出し、お客の中には火鉢の上に外套を載せて炬燵のようにして聴く姿もあった。暑い時期になると、鳶の頭などの粋なお年寄りが、わざと肌脱ぎになって凝った彫り物を見せながら聴く微笑ましい光景もあった。椅子席で行儀良く話を聴くお客の多い昨今の寄席では考えられぬ、どこかのどかで郷愁を誘う風景である。貞春が一生懸命に読んでいると、年寄りが「おう、やっているな」などと言いながら客席に姿を見せる。そして中入りには、「あの前座は良かったな」などと客同士で講談師の品定めをする。楽屋の先生方より、常連のほうが前座の芸の進みぐあいに詳しいというようなこともあり、「誰に習ったのだ」などと聞いてくる。前座が「師匠に習いました」と答えると、「お前の師匠はそんなやり方はしていなかったぞ」などと言って叱ることもあった。前座よりはるかに昔から講談を聴いてきたお客の存在は、ほんとうに怖かった、と貞水は語るが、そういったお客の存在が、講談師たちを鍛えていた側面もあった。「毎日が真剣勝負で、緊張感に溢れていました」という貞水の述懐は、あながち年寄りの「昔は良かった」式の繰り言とは言えないだろう。かつての寄席、講釈場には「芸」をめぐる無言の丁々発止が繰り広げられていた。「耳の肥えた客が多かったことも、僕にとっては幸せだったと思います。僕の知らない数多の大名人の高座を聴いてきて、芸を知り尽くすお年寄りたちがあれこれ言ってくれたのですから」

貞春の将来に期待をかけていたのは、楽屋の老大家だけではなかった。客席もまた、この紅顔の少年を何とか一人前の講談師に育て上げたいと、願っていたのである。貞春が六代目貞水となって真打に昇進した昭和四十一年ころは、こうしたお客も客席からほとんど姿を消していた。その意味でも、貞水はぎりぎりのタイミングで講談黄金期を知る人々の薫陶を受けられたと言えよう。

政治記者出身で、時事新報社の編集局長まで務めた講談評論家である有竹修二は、その著書『講談・伝統の話芸』（朝日新聞社）の中で昭和四十一年当時、こう記している。「話術の芸は、話のヤマ場できかせるのでなく、平板な筋のところでも、静かに読むうち、次第にお客がそれに溶けこむような、たくまない技法があって欲しい。しかし、それは一朝にして習得できるものでない。こつこつと修業して、自ずと体得し得るものに違いない。不断の努力と、人間としての成熟をまって初めて身につくものであろう。芸と人格とは並行して成長するもの、ということだ。こうなると講釈師は芸の修業とともに、多くの人と交わり、多くの書物を読み、おのれの人格をつくりあげることを心掛けるべきである」と。貞春が貞水になる時代、かくも講談師の身になって耳の痛いことをあえて記す愛好者が残っていた。少しばかり周囲から褒められ、マスコミに持ち上げられただけで名人面をする向きが見られる昨今の講談界とは異なる、講談黄金期の最後の光芒だったのだろう。

そして、芸は、芸人と観客との間に横たわる緊張感あってこその存在であり、なれ合いの中からは名人は生まれない。貞水は、今でもお客の世辞より、苦言に耳を傾ける姿勢を忘れることがない。そうした態度は、自らの修業を通じて身につけたものだろう。

長編の習得

貞春は老講談師から様々な話を叩き込まれた。前述の通り、木偶坊伯鱗からは「鉢の木」、これが発端となる長編の「田沼騒動」のほか、「仙石騒動」、「難波戦記」、「田宮三代記」、「曾我物語」を稽古してもらった。桃川燕雄からは「渋川伴五郎」などの名作の数々を教わっている。前座は主に修羅場や軍談と呼ばれるジャンルを読むのが修業であり、それを身に付けるだけでも大変な努力が必要なのだが、貞春はそれらをはるかに凌駕する英才教育を受けていた。そして、特筆するべきは、自らも貪欲に話を脳髄に焼き付けようと努力したことである。五人の盗賊、業平小僧金五郎、野衾小僧幸次、獄門小僧初之介、天狗小僧霧太郎、鼠小僧次郎吉が活躍するスケールの大きな長編講談「緑林五漢録」は、楽屋で先生方が評判にしていた話をかねて聞いていて、余程素晴らしい話なのだろうと気に留めていた。そんなとき、三代目桃川若燕が速記本を楽屋に持参、「やっとあったよ、五漢録」と高座でその続き物のうちの何席かを読んだ。「魅力的な人物が次々と登場して、話の筋も大変に面白い。これぞ僕が待ち望んでいた話だ」と感激して、その数日、若燕の高座を、全身を耳にして聴き入り、本牧亭がハネたら徒歩十分ほどの自宅に飛んで帰って、思い出しながら書き起こした。そして後年、自分でも講談本を探し出し、自分なりのイメージを膨らませて筋を仕立て直し、真打になってから読むようになった。「老講談師は、時代考証や風俗、人物像といった、話の筋には直接出てこない、でも話にとって大事な要素は惜しげもなく教えてくれました。僕の真剣さが伝わったのでしょうか」と振り返るように、伯鱗や燕雄らは貞春に、惜しげもなくその知識を注ぎ込んだ。今、貞水が読んでいる続き物の数々は、そうした先達たちの貴重な遺産と言えよう。

しかし、こうした修業が可能だったのも、本牧亭という寄席があったことが大きいと改めて思わざるを得ない。貞水は貞春時代を振り返りながら、「月に最低十日間は本牧の高座に上がって口演し、残りは楽屋で諸先輩の高座を聴いているわけですから、嫌でも講談が身に染み込んできます。耳から話が自然に入ってくるだけではなく、楽屋で老大家から様々な芸談を聞けば、それがみんな自分の肥やしになる。講談の定席がない今の若手は、それだけでかわいそうです」と話す。だから、貞水は現在の講談師のレベルが、かつてに比べて低下していることを本気で憂いている。字が書けないばかりか読めない講談師もいた一昔前、それでもその講談師の頭の中には有り余る話の数々が叩き込まれていた。燕雄の家に本が一冊も無かったのは有名な話だが、それでも貞春に数々の話の稽古をつけてくれた。そして、貞春自身、先達の芸を盗む機会に恵まれていた。平成二年、本牧亭は閉場。講談師は各所の寄席や演芸場に主戦場を移し、芸の継承に努め、かつての黄金期よ、もう一度、と奮闘しているが、落語や漫才に比べて、劣勢は否めない。女性講談師が増え、講談師そのものの数は底を打って上昇気味なのだが、芸の本質を大切にする貞水にしてみれば、歯がゆいことこの上ないのが目下の状況である。

もう一度、講談の定席を作ろうか。そんなことを貞水が冗談めかして若手に話しかけると、楽屋での下働きを嫌がる向きが多く、反応は極めて鈍いという。「さみしいね」とつぶやく貞水の講談の将来を思う心持ちは他の誰よりも強いが、一人、盃を傾けて憂うるほかはないのである。

講談バス

貞春が講談師になって三年後の昭和三十三年、本牧亭は講談ファン開拓のため、「講談バス」の運行を始めた。観光バスに本職の講談師をガイドとして乗せて講談に出てくる土地を回り、最後は本牧亭で講談を聴かせるという趣向だった。当時の新聞には「講談定席本牧亭が主催でバスによる怪談めぐりを催す。上野鈴本亭発、不忍池、向島、本所、越前堀、左門町、本郷丸山町など講談由縁の地を貞花、桜洲、操の講談を聞きながら巡る……」(東京新聞七月十日付夕刊)とある。

講談界は戦後、講談師の勉強会である「講談研究会」(昭和二十六年)、講談ファン開拓のための「講談学校」(昭和二十八年)、「寄席大学」(昭和二十九年)と矢継ぎ早に新機軸を打ち出していた。その背景には、戦後の混乱期を経て国民娯楽の多様化があり、講談師、講談ファンの高齢化が進むとともに、貞春が久々の若手入門者として脚光を浴びるほどに、新規入門者の減少があった。ファンの掘り起こし、後継者育成が急務であった。隆盛に突き進む落語とは対照的な講談界の姿に、貞春は前座時代、歯噛みすることも多かったという。「講談には二つ目という制度がなく、落語家の連中が二つ目になって羽織を着て颯爽と歩く姿に、悔しい思いをしたのは事実です」と心の内を明かす。貞春の青春は、本牧亭にしかなかった。後年、立川談志に「貞やんも中学からこの世界だろう？俺たちの青春って、楽屋の畳の匂いだよな」と言われ、我が意を得たり、との思いだったという。それだけ講談にどっぷり浸かっていたわけで、十一年間に及ぶ前座生活は長く、金銭的にも精神的にも苦しい時期だったが、反面、芸の基盤は確かなものになった。そうした確固たる基礎があるからこそ、講談バスのような取り組みにも参加し、ファン開拓に一役買うことになった。

貞水は講談バスを懐かしそうに振り返る。「僕のような前座だけではなく、師匠の五代目貞丈も乗ったことがあるのです。それだけ斬新な試みでした」。貞水の記憶によると、「読売旅行」という会社が、当時、読売新聞社の本社のあった有楽町からバスを何台か連ね、赤穂義士ゆかりの地を巡るなどした。講談の口調でガイドし、好評を博したという。乗車前には懸命に義士にまつわる事蹟などを予習し、本業の講談にも後年、その知識が役立ったというから、なかなかのアルバイトだった。ギャラは本牧亭のワリ（給金）に毛の生えた程度だったそうだが、「この企画は受けて、最盛期にはバスを三、四台連ねたこともあります。ただ、最後に本牧亭に着くのですが、講談バスでありながら、肝心の講談を聴こうという人が少なくて苦労したこともありました」と話す。

師匠の五代目貞丈は好奇心旺盛な人で、講談バス隆盛の噂を聞くと、自分もガイドとして乗りたいと言い出して、貞春を驚かせた。貞丈はほんとうに実行し、仕事を終えるとタクシーで貞春の乗るバスを追いかけ、途中からガイドとして乗り込んだ。「当時、人気絶頂の貞丈先生ご本人がガイドとして突如現れたから、お客はびっくりし、大喜びでした」。貞丈は「嘘と真(まこと)の義士伝」といった内容で乗りに乗って喋り、バスは最後まで大盛り上がりだった。貞丈もガイドを終えると上機嫌だったので貞春は安堵したそうだが、これもまた古き良き時代の破天荒なエピソードの一つと言えるだろう。

講談師が観光バスに乗り込むツアーは、今では「はとバス」が運行しているが、本牧亭という定席のゴールのない現代、その内容は一変した。貞水、若き日の思い出の一つである。

講談若い人の会

講談師に限らず、芸人は若き日から芸の発表の場を求めて「勉強会」などの名目で自らが中心となる会を催す。貞春も例外ではなかった。講談バスに初めて乗った昭和三十三年の歳末、「講談若い人の会」をプロデュースした。まだ十代に過ぎぬ講談師が切り盛りする会として、先輩の先生方もその意気を買って協力してくれた。それが「講談若い人の会」だった。本牧亭は十二月二十日過ぎになると、新年の興行の支度をするために畳替えをしたり、大掃除をしたりして休席となる。貞春ら若手の講談師がその期間を使って自分たちの会を開きたいと考え、おかみの石井英子に「勉強会をしたいから本牧亭を貸してください」と直談判した。しかし、おかみの答えはノー。「勉強会をするのが駄目なのではなくて、お前たちに貸すと、畳替えや障子の張り替えができないし、従業員を呼ぶお金もかかるから」というもっともな答え。だが、そんなことで引き下がる貞春たちではなかった。「お茶子さんのやることは全部、自分たちでやります。下足もやります。本牧亭の入り口だけ開けてくれたらいいのです」と言って押し切り、ようやくおかみが承知をした。

貞水いわく「生意気なようですが、この会は貞春企画構成でやりました。若手だけでは客が来ないので、先輩の先生方を全部回りました。だから会の名前は『若い人の会』ですが、出演者は僕より年上の人がほとんどでした」。講談界で若手の部類に入る講談師を集め、誰がどんな演目を口演するかという番付を作ったうえ、下足から木戸番、中入りの際のお茶子の役まですべて講談師で割り振った。ふだんの本牧亭では少ない数の客相手に、前座として限られた演目しか口演できない。だが、自分たちの会ならば好きな演目を思いきりできる。そんな強い向上心から、貞春は文字通り、駆けずり回って会の準備に奔走した。

「僕ら若手ですべてお膳立てはしますので、先生方も協力していただきたい」と、先輩方を口説いて回った。「直談判で熱意を伝えたので、うるさ型の五代目宝井馬琴先生のような大御所ですら、嫌とは言えなくなりました」と振り返る。同じく大御所の七代目一龍齋貞山も「お前たちがそこまでやるのなら」と言ってくれ、色物では奇術のアダチ龍光なども出演し、結果的には当時の幹部総出演の豪華な会になった。「断られるかもと思っていたら、みんなスケてくれました。芸界は若い後輩が一生懸命にやっているのを馬鹿にする人はいないのだな、と一種の感動を覚えました」と回顧する。顔付けはできたが、それだけでは客は来ないと考えた貞春は頭を絞り、何か変わった趣向をしようと考えた。当時は落語ブームで、「今で言う『笑点』の大喜利ですが、『お題話』や『謎かけ』をやってみようと思ったのです」。講談師が客から何かしらの物を借り、それを使って、荒木又右衛門や天野屋利兵衛らの話をする「講談お題話」をメーンに据えた。

その趣向が受け、歳末にもかかわらず、客席は大勢の客で埋まり、大御所の先生がうまく『お題話』ができなくて顔中を墨汁で塗られたりするので客席は沸いた。貞春も大いに面目をほどこし、師匠の貞丈から「よくやった。ご苦労さん」と、楽屋見舞いに金一封をもらった。老大家の邑井貞吉でさえ、「君、あまり老人をこき使うものじゃないよ」と言いながら、喜んで出演してくれた。将来を嘱望された貞春が、前座の身分ながら講談界全体を巻き込んで、盛り上げに尽力している姿が頼もしかったのだろう。だが、この会は一回限りで終わった。貞春の縦横無尽の活躍ぶりに嫉妬する向きもあったからである。貞水は決して他人の悪口を言わない人で、真実は藪の中だが、どの世界にも「出る杭は打たれる」という目立つ者いじめはある。貞春はそういったものとも戦いながら、徐々にその地歩を講談界に確立していくのである。

勉強会

貞春は「講談若い人の会」に引き続いて、自分の会を立ち上げた。昭和三十五年、本牧亭で「貞春の会」を始めたのである。講談の檜舞台である本牧亭で前座が独演会を開く、というのは、周囲の期待と理解、動員力がなければできることではない。貞春が前座時代から、いかにその実力を本牧亭の席亭である石井英子に買われていたかも分かる。

勉強熱心な貞春は、会を始める前から、本牧亭に程近い黒門町のビルですでに自らの会を始めていた。ビルのオーナーの好意で、「一階と二階がオフィスで、『空いている階があるからそこでやりなさい』と声を掛けてもらい、三階でやることになりました」と回顧する。邑井貞吉、二代目神田松鯉という老大家に助演を頼み、快諾してくれたのはありがたかったが、何しろ老人ということもあり、「松鯉先生をおんぶして三階まで上るのは大変でした」と苦笑する。師匠の貞丈も可愛い弟子の会とあって助演してくれたが、「お前は人使いが荒くて、高尾山に登るより大変だ」とぼやかれたという。しばらくそのビルで会を開いていたが、やはり講談師ならば本牧亭でやりたいのが人情。最初は本牧亭で勉強会を開くなど恐れ多いと思っていた。講談の定席のない夜席では、義太夫や落語などの〝一流どころ〟しか会を開いていなかった。だが、スケジュール上、たまたま空く日がある。貞春は勇気を振り絞って、石井に「おかあちゃん、よそのビルで幾らやっても勉強になら

前座時代、自ら「貞春の会」を開いた（十代の頃、黒門町で）

ない。講談師はやっぱり、『お城』でやらないとうまい講談はできない。本牧亭で勉強会をやらせてください」と頼んだ。石井は当初、八代目林家正蔵（彦六）や新内の岡本文弥ら一流の芸人が独演会をやっている格式ある席で、前座が勉強会を開くことに躊躇したが、貞春は「お茶子や下足番の給金なども自分で出すからやらせてください」と思い切ったことを言って石井を説得し、許可を得ることができた。

本牧亭で独演会を開く面々は一流ぞろい。前座が勉強会をやるなんてとんでもない、という声が予想通り上がった。このころは、前座が勉強会を開くことそのものに対しても何かとうるさい時勢だった。当然、貞春への風当たりは強かった。だが、女傑で知られる石井は矢面に立ち、「やらせるのは私です。私があの子にやれと言ってやらせるので、余計なことは言わないでおくれ」と、貞春をかばった。そして、貞春にお金がないことを知ったうえで、席料を取ることなく勉強会を続けさせた。貞春は二か月に一回程度のペースで勉強会を開くことができ、めきめき腕を上げた。本牧亭でやる以上、常に新しいネタで勝負をしないと客もおかみも承知しない。そんな緊張感の中で勉強会をやるわけだから、貞春の成長に拍車がかかった。「本牧亭でネタおろしをしたいので、稽古をつけてください」と老大家や先輩方に頼み込めば、頼まれるほうも貞春の心意気が伝わってくるから断れない。貞春の持ちネタはどんどん増えていった。

客も講談界の将来を担う貞春の勉強会に足を運んだ。その面々は、四、五十年と講談を聴き続けている耳の肥えたお年寄りが多かった。「そういった人たちの前で口演するのは、師匠に稽古をつけてもらっているようなものでした」と、高座と客席の間に張り詰めた緊張感があったことを振り返る。間違ったことを口にすれば、客が楽屋に足を運び、「あそこは違う」「俺の聴いた先代の何々はこのようにやった」といったお叱り、感想が寄せられる。実に的確な批評だった。「貞春時代を振り返って、この勉強会の存在は大きかったと思います。客にも育てられたわけですから。今、これだけ講談師にものが言える客は少なくなったのではないでしょうか」。講談師の層も厚かったが、客の層も厚かった。貞春が恵まれていたというのは、こうした事実からもうかがわれる。

「貞春の会」は、その後、真打になってからも「貞水の会」として続けられた。そこには、本牧亭という講談唯一の定席への強いこだわりがあった。「ほんとうの講談の修業をするためには、ほんとうの舞台に上がらないとだめです」と貞水は繰り返し言う。それは、講談師としての土台作りにつながる。貞水が言うのは、土台さえしっかりしていれば、そこに日本家屋を建ててもビルを建ててもかまわない。しかし、土台を作るためには、厳しい客の前で地道に講談を読み続けるよりほかに道はない、と強調する。「役者でも、歌舞伎座の檜舞台で修業していれば、どんな地方の舞台に立ってもしっかりした芸を見せることができる。逆に、小さな舞台で修業していたら、初めて歌舞伎座の舞台に上がっても芸を見せるどころではないでしょう」。前述のように、客は厳しかった。だが、「十五歳で講談師になった奴だから、こいつはたたき上げてやろう」と、後押ししてくれる気持ちは貞春にもひしひしと伝わってきた。演者と観客の幸せな関係が、そこにはあった。だから、辛くても本牧亭で読む価値のあるネタを毎回、新たに口演する。定席では、修羅場や武芸ものを口演するのが前座の役割だが、勉強会では思い切り、真打のネタである「鉢の木」や「曾我物語」を読むことができた。貞水は当時を懐かしんで言う。「常連がよく話していたのは、『こいつは若いころは下手だった。俺たちは我慢して聴いてやった。こいつがうまくなったのは俺たちのお陰だ』。僕はほんとうにその通りだと思います」。時にあたふたしながらも、懸命に読み続ける。その心意気や善しとして、温かく、時には厳しく接する客がいる。今は姿を消した丁々発止とした本牧亭の空気が、伝わってくるかのようだ。

「貞春の会」から数年後、前座仲間だった宝井琴調と組んで、「春調会」を本牧亭で始めている。五代目馬琴が「貞丈の弟子が勉強会をやっているのに、お前も本牧亭でやらないのか」と琴調に発破をかけたのがきっかけだった。貞丈と馬琴はライバル同士だったから、そんな関係が弟子にも及んだというわけだ。琴調は「目立つことはやらないでくれ。うちの信長(師匠の五代目馬琴)がうるさいから」とぼやいていたが、結局は二人で会を立ち上げることになった。最初は貞春も気軽な気持ちだったが、やはりそこは同年輩。次第にライバル心が頭をもたげてくる。高座に上がれば、楽屋では仲良しでも競争相手。しのぎを削る会となった。客も集まった。「若手の二人が懸命に読んでいる了見が、客にも伝わったのではないでしょうか」と貞水。本牧亭を舞台に貞春はその芸を高めるため、日々鍛錬を怠ることはなかった。芸は一日にしてならず。現在の貞水の至芸も、こうした錬磨の積み重ねが地盤となり、今の観客にその姿が映る。その膨大な自己鍛錬を思うとき、筆者は自然と頭の下がる思いがするのである。

立体怪談

貞水と言えば、「立体怪談」が代名詞となっている。釈台のスイッチを操作して音響や照明などの演出効果を駆使して怪談を読む。夏場の貞水の高座ではおなじみであるばかりではなく、今は春夏秋冬、立体怪談を聴きたいというリクエストが全国津々浦々から寄せられる。立体怪談を始めたのは、自分の会を始めた昭和三十五年ごろで、披露の場はキャバレーのフロア・ショーだった。本牧亭のワリだけでは当然、食べることができない。そのため、福富太郎のキャバレー「銀座ハリウッド」に代表されるような、当時全盛だったキャバレーの司会のアルバイトをしていたが、夏場には怪談を聴かせることが、貞春の売り物となった。場内を暗くして怪談を読み、落語家の前座にお化けの格好をさせ、自作のおどろおどろしい音をレコーダーで流し、釈台に隠してあるスイッチを操作して様々な光を放つようにする。釈台はさながら飛行機のコクピットのようである。工芸高校志望で機械いじりが好きな性分だったから、貞春にとって釈台作りはお手の物だった。そして、ホステスが「怖い」と言って客に抱きつき、客がニヤリとすれば大成功という手順である。車に道具の数々を積み込み、あちこちで立体怪談を披露、「冬は義士、夏はお化けで飯を食い」という川柳そのままの生活であった。

今、振り返って、キャバレーでの立体怪談の経験は、客の反応をみながら話を進めるという生きた勉強になったと貞水は話す。怪談は、何を措いても登場人物のデッサンが物を言う。つまり、市井の人物や生活を描く「世話物」がきちんとできないと、客を引き付けることができないのだ。そのため、一人で世話物の速記本を読み込み、勉強を重ねた。三遊亭圓朝の速記本も当時、むさぼり読んだという。師匠の貞丈は、「怪談を読むには、悪い奴は本性から悪く、哀れな人間は聴いているだけで哀れに思うように登場人物をしっかり掘り下げて描けないと、手掛けるのは無理だ」と常々話していた。それだけに、貞春にとって怪談は、はるか高みにある難しいジャンルの一つであったが、それだけに挑戦の甲斐があった。最初は一本調子で読み方にもなかなか起伏が出なかったが、まさに血の滲むような稽古を重ねた。自宅で一人きり、「天保六花撰」や「佐倉宗五郎」まで手を広げて声を出しながら繰り返して読むという孤独な修業を続けた。

たとえ、キャバレーでの怪談の稽古であっても、客を引き付け、怖がらせるという基本姿勢は高座と同じであり、真剣勝負だ。キャバレー・ショーでの怪談は二十～三十分。一つの怪談話をすべて読めるわけではない。客の関心を引き付け、離さないためのコンパクトな話を独自に作った。貞水は言う。「キャバレーでも命懸けでした。客に受けないと仕事が無くなるのですから。他人と違ったことをして耳目を引き付けないと食っていけない。そうして作り上げた『立体怪談』で後年、『お化けの貞水』と呼ばれるようになるのですから、頑張った甲斐がありました」。本人いわく、一龍齋ではなく手品の松旭齋みたいだ、というのだが、釈台に毎夏、工夫を凝らすのも楽しみの一つだった。秋葉原の電気街に通い、その年の趣向を考える。

昭和四十五年六月二十日付の東京新聞夕刊には、こんな貞水のコメントが載っている。「なまじ電気がいじれるものだから、照明の配線やスイッチが複雑になっちゃいましてね。それが釈台兼用の箱にセットしてあるんですが、年々箱が重くなっちゃいます。お化けのお面や衣装は、ひと夏で作りかえ。こり性ですから年々工夫を加え、効果音なども、やたらに珍しい音を録音しちゃあ、テープの回転数に変化をつけて不気味にしましてね。どれも、深夜作業。近所じゃあ、また貞水んとこで始まった。やがて夏だなあーってなとこでしょう」

立体怪談で用いた釈台は、シーズンが終わるたびに壊していた。企業秘密だからだという。それほどまでに貞水の「立体怪談」は徹底しており、重要な売り物だった。真打になっても、キャバレー回りは続けた。経済上の理由もあるが、そこには何よりも、演者と客との真剣勝負があったからだと述懐する。キャバレーは、文字通り男が汗水たらして働いて得た金で店の女と遊ぶ場所である。楽しめなければ、客は怒る。ショーがつまらなければ、本気で怒声を飛ばす。たかがキャバレー、されどキャバレーである。そこで培った客との呼吸を、主戦場の本牧亭での芸でどう生かすか。それが貞春、そして貞水にとっての課題であった。

後に本牧亭を建て直すにあたって立体怪談を披露したとき、貞水は梁（はり）に釘を打ち、縄を張って幽霊を空中に飛ばすなどの工夫もした。そうすると、客をたくさん呼び込めるようになり、若い客の姿が増え、演者として素直に嬉しかったという。「もっと客を呼ぼうと、アベックの人は半額にしました」。貞水にとって、立体怪談を入り口にして若い客が増え、いずれは古典講談のファンになってくれたら、との思いも強かった。

ただ、貞水にとって誤算だったのは、若手講談師の中で「立体怪談をやりたい」と気楽に口にする向きが出てきたことだ。貞水は自戒を込めて話す。「立体怪談は毎日、同じではないのです。ライブなのです。高座は演者と客が一緒に作り上げる話芸。一番難しく、そして一番面白いのは、電気一つ消すのでも音一つ出すのでも、日々そのタイミングは異なります。支えてくれる裏方はいても、釈台のスイッチは照明から音から仕掛けからすべて自分で自在に動かせるので、好きなようにできる。間(ま)と息が、自分のその日の意のままなのです」。間と息。簡単に言うようだが、これを体得するために貞水がどれほど舞台の場数を踏み、数々の失敗を乗り越え、自家薬籠中の物にしてきたか。それが若手には分からないと嘆くのだ。

六代目三遊亭圓生は若き日の貞水に、「あんちゃん、やめな。怪談をやっていると人相が悪くなるから」と言ったそうだが、貞水は今もって立体講談の看板を下ろすつもりはない。それは、自力で切り開いてきた独自のジャンルである、という誇りがあるからだ。立体怪談を始めて六十年近くが経つが、貞水を凌駕する怪談の読み手は現れていない。筆者としては、後進の奮起を促すばかりである。

修羅場修業

前座修業十一年。その修業の過程が今の自分を作っていると貞水は考えている。「最近の入門者に一番欠けているのが礼儀作法」という。保守的な考えのようだが、根拠がある。「講談には身分の高い人、低い人、教養のある人、ない人など、様々な人物が出てきます。語り分けるためには、まず登場人物の人間関係を理解していないといけません。喋る前に、それが体に染み込んでいないと、前提条件が崩れてしまうのです」。楽屋仕事で先輩や年長者を敬い、同年輩の講談師と適度な距離を取って付き合い、後輩に情を掛ける。それがために、一見無駄で理不尽なお茶くみ、座布団運びをはじめとする楽屋仕事をさせているのだという。貞水が昨今の講談師には定席の講釈場が必要だ、と考えているのはそのような理由からだ。貞水自身は気遣い、心遣いの人で、接する者に不愉快な思いをさせることのない珍しいタイプの芸人だが、後進に対しては厳しく躾けようとして煙たがられることもある。貞水は老大家、師匠の貞丈をはじめとする名人上手に囲まれ、その意味では、幸せな楽屋生活を送った。今、講談定席のない中、いかに楽屋の雰囲気を伝えていくか。貞水はひそかに心を砕いて後進に伝えている。

　貞春時代、高座での修業は、まず「修羅場」を読むことから始まった。おなじみ「三方ヶ原軍記」の「頃は元亀三年壬申歳（みずのえさるどし）十月十四日……」という読み物である。講談のリズムを身に付け、腹の底から声を出すやり方を覚え、肺活量を鍛える。まずは、師匠の持つ「三方ヶ原」の本を借り、石州半紙に毛筆で書き写す。そして丸暗記し、息継ぎなども自分で体得する。落語の前座が最初に覚える「寿限無」のようなものである。もっとも、貞春が高座に上がっても、客席に客の姿はない。客のいない高座で口演するのを「空板（からいた）」と呼ぶ。客から金を取って聴かせる高座ではない、という意味が込められており、ひたすら前座が鍛錬する場なのである。本牧亭の看板にも名前は出ない。

貞水は「要するに商品にならない、ということでしょう」と説明する。貞春はひたすら「三方ヶ原」を読んだ。それは吃音だった一鶴も同様で、つっかえ、つっかえ読んでいたという。

貞水にとって忘れられない思い出がある。師匠の貞丈がある日、貞春に「三方ヶ原を読んでみろ」と言う。貞春は懸命に読んだ。ところが、読んでも読んでも一向に反応がない。つい面倒になって二、三枚、紙を飛ばして読んだら、師匠が怒ったので驚いたという。「大御所になっても一言一句、すべて師匠は覚えているのです。僕は今、人間国宝の立場になりましたが、若い人が間違えて読むとすぐに指摘することができる。最初に覚えた読み物というのは、いくつになっても忘れないものだと身に染みて感じます」

「三方ヶ原」を終えると、次は「宇治川の先陣争い」となる。「三方ヶ原」はわあっという合戦の修羅場、「宇治川」はそれに対してきれいに読む修羅場という特徴がある。前者では、張り扇(はおうぎ)をバンバン叩いて「群がる敵勢に……」とやるが、後者では、あまり張り扇を叩かずに「金黄金に緋縅(ひおどし)の鎧……」というように流麗に読むという違いがある。この両方を、貞春はみっちりとやらされた。

「前座は前座らしく」という師匠の教えからだった。貞水がよく言う「らしくしろ、ぶるんじゃない」というのは、師匠の教えである。前座は前座らしく、上手ぶるんじゃない、ということを、今は貞水が後進に説いている。

修羅場はすべての講談師の基本である。これをマスターしないと、張り扇がきちんと叩けないというのが、貞水の考えだ。張り扇は自分の呼吸に合わせて叩くものだから、修羅場で鍛えて叩くタイミングを体に染み込ませないと、満足に張り扇も叩けない講談師として軽蔑されてしまう。老大家の邑井貞吉は、貞春に「張り扇も喋っていないといけないのだよ」と厳しく教示したという。貞水はその言葉が忘れられない。そして、張り扇の叩き方一つで、その講談師の技量までが明らかになることを、修業を積む過程で思い知り、改めて修羅場の稽古の重要性を認識したと話す。

修羅場を終えると、次は武芸ものというのが順序だ。武芸ものはかつて流派によって異なった。神田は「宮本武蔵」、桃川は「笹野権三郎」、邑井は「渋川伴五郎」、田辺は「佐野鹿十郎」、宝井は「塚原卜伝」、一龍齋は「荒木又右衛門」という具合だった。だから、名前の出ない前座でも、武芸ものを口演すれば、観客が「あいつは何々派だな」と分かるという仕組みだった。師匠は「修羅場や武芸ものは講談師の土台だから、基礎はきちんと作っておきなさい。基礎さえあれば、その上に何を建ててもいい。ダメだったら、壊してまた建て直せばいい。基礎がないと、土台からまた作り直さなければいけなくなる」と言った。貞春はその言いつけを忠実に守り、基礎を固めた。

そして、一番の難関とも言える世話物になる。貞水は「武芸ものは講談調のメリハリがあるけれども、世話物は人物を描き出すうえでもせりふ回しがリアルになる。だから、人生経験を積まないと、様（さま）にならない」と言う。だが、何事にも呑み込みが早く、芸熱心だった貞春は、修羅場、武芸もの、世話物と、どんどん進んでいった。これは、老大家らの仕込みもあるが、そもそも前座の数が少なかったため、ネタの数を増やしておかないと、本牧亭での口演で先輩の演者とネタがかぶるため、否が応でも早めに前座としてのネタの段階を踏んでおく必要があったからだ。

その意味でも貞春は恵まれていた。自身、「ネタに関しては随分、得をしたと思っています」と述懐する。師匠の貞丈も「このネタはやっていい」「このネタはまだ早い」と、的確なアドバイスをしてくれた。当時を振り返って、「若いうちにしかできないネタというのもあるな、と年を取ってからつくづく思います。今の僕には、『宮本武蔵』はもうできないような気がするのです」と話す。貞春は修羅場、武芸ものを存分に読み、講談師としての基礎体力を蓄えた。その重要性は、年を重ねるごとに痛感するとも明かす。「武芸者が怪物退治で洞窟に入ると風が吹いてきて、山に吹っ飛ばされてよく見てみれば、化け猫の鼻の穴だった、というような荒唐無稽な話でも、若いうちは一生懸命に読んでいれば、客もきちんと聴いてくれます。その懸命さに客は感動する。うまい、下手を超えた何かがあるのです」。貞春は諸先輩の薫陶を全身に受けて、必死に高座を勤めた。その甲斐あって、十代のころから講談界期待のホープとして注目を集めた。貞春ほど、将来を嘱望された前座はいなかった。その素地には、基本から忠実に講談の道を進んでいく貞春の一生懸命さがあったことは間違いない。

一方で前座時代から貞春には、「あいつはほかの誰もやらないネタを発掘して高座にかけている」という評判があった。これは、貞春が「先生方が口演しているネタなら、比較されてしまう。どうせ覚えるのなら、誰もやっていないようなネタをやろう」と考え、木偶坊伯鱗や桃川燕雄といった老講談師にその種のネタを仕込んでもらったからである。新しいネタを次から次へと覚え、財産にしていった。そんな場合にも、本牧亭の存在は大きかった。ほかの講談師の口演を楽屋で聴き覚え、先輩方に稽古してもらい、すぐ高座にかけることができたからだ。定席のない今の講談師には思いも寄らない環境に身を置いたことの幸福を、今もって貞水は感謝している。本牧亭の存在はそれほどまでに大きかったのである。

稽古の了見

稽古は教えるものではなく、伝えるもの、というのが貞水の考えだ。重要なのは、教わる者の了見一つ。師匠、先輩方の芸を盗むことが伝承というもので、「ネタは教えられるが、芸は伝えることしかできない」ということに尽きるという。師匠の貞丈は売れっ子のため、貞春に稽古をつけることはほとんどなかった。だが、貞春は師匠の高座を食い入るように聴き、我がものとしていった。そして、師匠の雑談、お金の使い方、お酒の飲みっぷりに至るまで、貪欲に吸収した。貞丈を第二の父、と貞水が呼ぶのは、このためだ。「師匠と酒を飲んでいるときも稽古なのです」と貞水は言う。盃を傾けながら、貞丈は名人・三代目錦城斎典山(きんじょうさいてんざん)（一八六四〜一九三五年）の話を披露する（貞丈は典山の孫弟子）。興に乗ると、典山の高座の口調を再現するなどして、思い出話に耽る。その一言、一言が若き日の貞水の糧となった。

貞春は老大家や諸先輩の高座もよく聴いた。落語家の高座もきっと何かの参考になるに違いないと信じて聴いた。立川談志は貞水に「物まねのうまい奴は、人の高座をよく聴いている」と言ったそうだが、貞水もその通りだと思っている。実際、貞水が老大家らの真似をすると、その人自身を筆者は知らないのに、まるで眼前に生きている人のような錯覚を覚えさせる迫力である。

もっとも、貞水は「講談は教わった通りにできるものではないのです。声の高低、声質など、人によって全く違いますから。大事なのは技術ではなく、話の中に出てくる登場人物の了見です」と話す。「了見」という言葉は、貞水が好んで使う言葉だが、『広辞苑』によると、「思案、所存」という意味が出てくる。つまりは、登場人物の人間像そのものを描き出せるかどうか。貞水の言いたいところは、そのあたりにあるように筆者には思われる。だから、口移しで稽古をしているようでも、登場人物の内面までもが師から弟子に伝わらなければ、稽古とは言えず、ただの口移しになってしまう。貞春が受けてきた稽古は、本質を見極める目を養い、育てるところにあり、その厳しさは当人以外にはうかがい知れぬ境地と言えよう。師匠の貞丈、老講談師の伯鱗、燕雄らの稽古は、若き日の貞春を鍛え上げ、講談の精髄を心身に注入する作業だったように考えられる。昨今の講談師で、これほどまでの稽古を受けてきた向きはあるだろうか。極めて心細いと言わざるを得ない。だが、これが日本の芸の伝承の神髄であり、話芸に限らず、伝統芸能と呼ばれるジャンルに共通する世界の住人たちの営為だろう。

その点について、貞水は具体的な例を挙げながら語る。「五代目貞丈と六代目貞水とでは、全く芸風は似ていないと思います。それでは、貞水は貞丈を無視しているのかと言えば、それは違う。師匠の話のうまさや凄みはよくわかっている。だが、僕の感覚は違う。師匠が登場人物のデッサンをはっきりさせているのなら、僕はそれに対して背景をきちんと語るところから登場人物を描きだそうと考える。まるで師匠に逆らっているようですが、それは誤解で、『この読み物はこういう話なのだ。それはちゃんと受け継げよ』と言外に伝えている師匠の了見はきちんと理解して自分のものにしていると思っています。師匠の了見さえ、間違いなく伝承しているなら、それは正しく受け継がれたということになるのだと思います」

ただ、貞春時代の修業を振り返って続ける。「大体が、師匠の真似をするなと言っても似てしまう。その師匠に憧れて入門するわけですから、似ないわけがない。けれども肝心なのは、真似をいつまで続けるかという点です。貞丈はよく僕に言っていました。『真似るというのは杖だ。あるところまで行き着くためには杖が必要だろう。だが、その杖をいつ手放すか、というのが一番難しい』と。杖をずっとついているほうが楽です。手本があり、真似をしていればいいからです。でも、杖を手放さない以上、いつまでたっても手本以上のものにはなれない」。この話をするときの貞水の表情は、真剣そのものである。芸というものの厳しさが、かくも本質的に現れた話はさほど例がないだろう。

貞水は自らの芸を顧みて、師匠の貞丈の真似を脱したと確信できたことはないと明かす。脱するどころか、師匠の真似にもたどり着けていない、と絶望するときもある。ただ、師匠の言う「了見」だけは引き継ぐために頑張ったという自負がある。自分の弟子たちが、六代目貞水の了見を果たして引き継いでくれるだろうか。そのことを考えると、心が曇るような気がして、まだまだ稽古が足りないな、と考え直し、自らの芸を磨くことに専念する。そのことが、後進に了見を伝えるための唯一の方法と信じているからである。講談という日本の伝統芸は、近代においてもその伝承のしかたにおいて変化することはなかった。それが、貞水の言葉の端々からうかがわれるのである。

真打昇進

昭和四十一年、貞春は真打に昇進、六代目一龍齋貞水を襲名した。吉田修『東都講談師物語』(中央公論事業出版)によると、貞水の名跡は江戸時代後期に始まる。初代は真龍齋貞水で、後に二代目一龍齋貞山となった。世話講談の巧者だったが三十六歳の若さで亡くなったという。天保十年(一八三九年)の生まれで明治七年(一八七四年)没。二代目真龍齋貞水は、後に二代目典山となった人で金上齋か錦城齋かは不明だという。この人も世話物が得意だったらしいが、生没年などは不明。三代目真龍齋貞水は安政五年(一八五八年)に生まれ、明治三十三年(一九〇〇年)没。後に、二代目錦城斎一山を襲名している。やはり世話物で売ったというが、当時の講談界では名手の評判が高く、佐野孝の『講談五百年』（鶴書房）には、当時の三羽烏の一人と数えられている。

四代目貞水は、当初は真龍斎を名乗ったが、後に本名の早川を姓とし、早川貞水と改名している。文久元年（一八六一年）の生まれで、大正六年（一九一七年）没。相撲好きで知られ、相撲講談は有名だったという。両国・回向院の本場所では「木戸御免」だったが、相撲の悪口を新聞に載せて木戸御免を取り消されたことが、明治四十三年の東京日日新聞に出ている。大正天皇の前で御前口演も行っているから、その腕は確かだったのだろう。現・貞水は「文部省お抱えの講談師だったらしく、邑井貞吉先生が女房の竹本東猿（女義太夫）と渡米したときを振り返って、『早川貞水のおかげで外国に行けた』と後々まで語っていました」と話す。蛇足だが、後年、『講談研究』という本を出してこの世界に多大な貢献をした十二代目田辺南鶴は早川貞水の弟子だったが、田辺の名が絶えそうになったので、田辺の名跡を継いだ経緯がある。南鶴は四代目貞水を恩人だと現・貞水に後になって述懐している。

五代目貞水は明治十六年（一八八三年）生まれ。『講談五百年』によると、「湯島の酒屋の若旦那から講談師になった人」だったから、湯島生まれの現・貞水とは縁があると言えなくもない。初代大島伯鶴（はっかく）の門に入るも、四代目貞水の門に移った。大正六年（一九一七年）に四代目が亡くなり、五代目貞水を継ぐが、後に本姓の太田貞水に改めた。吉沢英明編『講談昭和編年史・前期』によると、得意の読み物は「大久保政談、左甚五郎、藪原検校、寛政力士伝、磯畑伴蔵」と、当時の新聞に出ているという。『伝統話芸・講談のすべて』の著者である阿部主計は、左甚五郎、雷電為右衛門、磯畑伴蔵、三家三勇士、畔倉重四郎を得意演目として挙げている。作家の正岡容は昭和十年の随筆の中で「あたしは何よりあの貞水の小味な下直さをあいする」(『完本 正岡容寄席随筆』岩波書店)と表現している。昭和十九年没。だから、現・貞水が貞春として楽屋に入った時代には、五代目貞水を知っている講談師は多かった。老大家には、四代目を知っている向きもあった。四代目の相撲場「木戸御免」のくだりは、現・貞水が好んで口にする挿話である。

貞春が前座の時分、落語界と違って二つ目という身分はなかった。前年に二つ目格になってはいたが、公式の身分は前座。二代目神田山陽が「後に入門してくる若い者も来ないし、いつまでも前座ではかわいそうだから二つ目を作ろう」と提案したが、師匠の貞丈が「前座と真打だけで充分」という考えだったから、その話は立ち消えとなった。結果、十一年の長きにわたって前座生活を送ったわけだが、貞水は「ありがたく思っている」と話す。みっちり土台固めができたうえ、いざ真打になったときにうろたえないだけの腕前を磨くことができたからである。貞水は今になって思う。「師匠は、僕が真打になるタイミングをきちんと見計らってくれていたのではないでしょうか」。貞丈は貞春によく語っていた。「弓は手一杯引いてからでないと放つことができない。だから、修業は長いほうが当人のためになる」。二十七歳での真打昇進は、貞春にとってはようやく一人前として認められたという意味で、やはり特別の感慨を催すものだった。真打になれば、本牧亭のトリがとれる。責任は重大だが、真打披露で本牧亭の定席のトリをとるというのは、講談界に入って以来の念願だったから、それをようやく果たすことができる日が来たのだ。

ここで大きな壁が立ちはだかった。貞水は苦笑い交じりで振り返る。「真打になるというのは、話がうまくなるのは当たり前。それに加えて、御贔屓(ごひいき)などの関係先への配りものをする費用を稼ぎ出す力を持ち、披露パーティーに何百人もの招待客を集めるだけの人脈を築くことも求められるのです」。貞丈は貞春がキャバレーで司会をしたり、立体怪談を披露したりしていることを知っていたから、貞春には貯金があると思い込んでいた。だが、ここで、父親の若旦那気質を引き継いでしまった貞春の金銭感覚がネックになった。貞丈が「お前、いくらお金がある？」と尋ねてきたので、貞春が正直に「無いです」と答えたら、雷が落ちた。ところが、ここから貞丈の政・財・芸界への強力なネットワークが発揮された。ビアホールの「銀座ライオン」で開かれた披露パーティーには、国会議員をはじめ七百人以上が押し寄せ、会場に入りきれないほど。貞丈の発案で会費制にして、すべて貞丈が取り仕切った。貞春は貞丈の息子の四代目貞花（後の六代目貞丈）から後日、「うちの親父がお前の真打披露の宛名を必死に書いていたよ」と聞かされ、心底から感謝した。十五歳で入門した少年が、一人前の真打として成長したことが、我がことのように嬉しかったのではないだろうか。その意味でも、貞水は貞丈の文字通りの愛弟子だった。

真打披露パーティーでの貞水(中央)。左はスピーチをする師匠の五代目貞丈

宴が終わり、貞春は師匠に「ありがとうございます」と御礼を言った。すると、貞丈は平然と「俺に礼を言うな。してもらってなにか嬉しいことがあったら、それを後輩にしてやれ」と教えた。貞水はそのときの師匠の言葉を幾度も繰り返して筆者に語った。それほど師・貞丈の恩は深く、愛情に満ちていたのだろう。貞水はその言葉を守るかのように、自分の弟子の貞橘(ていきつ)が平成二十五年に真打に昇進し、上野精養軒で披露パーティーを開いたときには、文字通り付きっ切りで世話を焼いていた。各界の来場者に貞橘を引き合わせ、締めの挨拶では、弟子に助力してくれるよう心から頼み込む姿が筆者には印象的だった。その意味でも、貞水は紛うかたなく貞丈の直弟子なのである。

そして、貞春は六代目一龍斎貞水の名を襲名、真打として独り立ちした。

貞水襲名にあたってはエピソードがある。貞丈の弟子の貞鳳(ていほう)、貞花とも、前座名のまま真打となった。貞丈自身、昇龍齋貞一の前座名のまま真打になっている。昇進の翌年に師の四代目昇龍齋貞丈が没したので、翌年五代目貞丈となり、昇龍斎を一龍斎に改めた経緯がある。だから、貞春が真打になるにあたり、貞丈は「貞春のまま真打になれ。俺の弟子は名前を変えないほうがいい。変えた奴は辞める向きが多いから」と言って、いったんはそのまま昇進させるつもりだった。だが、木偶坊伯鱗が「貞春を真打にするにあたって、貞水という名が空いている」と話したということを聞いて、「貞水という名はどうでしょうか」と尋ねた。すると、師匠は「貞の字畑では、貞山と貞水という名前が右大臣、左大臣だ。貞丈から貞山になるか、貞水になるかというほどの大きな名前を、どうして弟子のお前が継ぐのか」と叱ったという。

貞水は、その名跡に心ひかれた理由を語る。田辺一鶴と話していたとき、一鶴が「僕は田辺南鶴の弟子だから一鶴だけれど、鶴という漢字は難しくて、遠くから見たらよく分からない。雑誌社に一水社というのがあるが、一という字と、水という字は目立つ。遠くから見てもすぐ分かる。だから、僕は一鶴、君は貞水になれ」と焚きつけたという。加えて、楽屋で老大家が四代目貞水、五代目貞水の思い出話をしているのを聞き、貞水という名跡は貞の字畑ではいい名前らしいな、と感じた記憶があったので、あえて貞丈に貞水襲名を持ち出した。ところが、前述の通り叱られたので、貞春のまま真打になる心積もりでいたら、数日後に師匠から「いいや、貞水になっちゃえ。その代わり、お前は貞の付く名前でほかに継ぐ名跡はないぞ」と念を押され、貞春は「分かりました。貞水という名を大きくします」というやり取りがあり、貞水襲名が決まった。貞丈は続けた。「貞水という名前は三代目までは真龍斎だ。四代目が早川貞水、五代目が太田貞水と来ているが、お前はどうする」と問うたので、貞春は「一龍斎貞丈の弟子ですから、上に一龍斎を付けて一龍斎貞水に」と答え、六代目一龍斎貞水とすることになった。

貞水という名跡は、様々な変遷を遂げたため、研究者の中には「一龍斎貞水なら、初代になる」と指摘する向きもあるが、当人は気にする様子はない。貞水という名跡を大きくするか、だめにするかは、自分の努力と精進にかかっているという覚悟があったから、些事にはこだわらないのだ。そして、六代目一龍斎貞水として講談界初の人間国宝認定という大きな業績を積み、貞水という名跡を約束通り大きくした。

余談になるが、貞丈は伝説の名人と言われた三代目錦城斎典山の話をして、この名跡だけは将来いかなることがあっても継ぐなよ、と釘を刺したという。三代目典山は、「神技ともいうべきものであった」(有竹修二『講談・伝統の話芸』)、「硬軟いずれも至芸に達していた」(阿部主計『伝統話芸・講談のすべて』)と彼に触れた誰をも絶讃させる芸の持ち主で、東京講談組合頭取も務めた。貞水が貞丈から聞いたところによると、誰かが高座で講談を読んでいる最中でも、典山が楽屋入りするだけで風圧を感じ取り、しどろもどろになってしまう。そのため、典山はあえて楽屋入りを遅くした、というほどの人物だったという。貞丈は、貞水が弟子入りしたとき、真っ先に典山の墓参りに連れて行ったほどの典山信奉者であり、自分の師匠にあたる四代目貞丈の未亡人から再三にわたって

「お父さんに義理立てしていつまでも五代目貞丈でいなくていいから、典山の名跡を継ぎなさい」と勧められたにもかかわらず、固辞したという。だからこそ、貞丈は自分の弟子にもしっかりと言い聞かせたのだろう。ちなみに三代目典山の息子は、日本舞踊の世界で人間国宝となった二代目花柳壽楽である。

講談界の危機

貞水が真打に昇進する前年の昭和四十年、十二代目田辺南鶴が『講談研究』という書を出し、当時の講談界を支えた面々を紹介している。貞春についても他の講談師同様、二ページを割いて、来歴や芸について紹介している。南鶴は次のように書く。

「講談界の最年少者だ。前途洋々たるものがある。彼は新しい道を求めつつも、古典ものに精進している。彼の講談に対する心構えを叩いた時、『私は講談の将来については、先輩につづくものとして、これ一本で進みます』と決意を披瀝していた。そして理想は、芸が立派になって、金のとれる芸人になりたいとつけ加えていた。彼は、古典はあくまで大事に守って、普段の高座はそれを追求している。そして、貞春の売りものを作りたいという信念にもえて、徐々に足だまりをかためているのは嬉しい」

一方で、貞水が真打に昇進した昭和四十一年ごろ、講談界は落語界に比べて圧倒的に人数が少なくなり、昭和四十三年には貞水の兄弟子、一龍斎貞鳳が『講談師ただいま24人』(朝日新聞社)という本を刊行するほどに、危機の時代を迎えていた。伝統話芸・講談の担い手が減少、その継承すら危ぶまれていた。

老講談師の桃川燕雄が昭和三十九年、木偶坊伯鱗と四代目邑井貞吉が昭和四十年、怪談で人気を博した七代目一龍齋貞山が昭和四十一年、二代目神田松鯉が昭和四十二年に相次いで鬼籍に入り、講談界の人材不足は誰の眼にも明らかだった。貞鳳は著作の中で率直に「落語界との間に水があいた」と記述しており、貞水も最若手として強い危機感を持つ講談師の一人だった。

真打になるころ、貞水は仲間の宝井琴調、田辺一鶴と「トリオ・ザ・コウダン」という若手三人組の漫談グループを組んだ。当時、てんぷくトリオなどがブームだったため、それに乗って本牧亭に新風を吹き込もうという試みだった。タキシードで扇子を持って高座に上がり、講談調で漫談を繰り広げる。幕末の上野の彰義隊の話などをリレー講談の形で披露するなどして、講談界を少しでも盛り上げようと、門下の枠を越えて始めた漫談だったが、本牧亭での評判は散々で、いつしか雲散霧消したという。貞水は言う。「三人とも、何か新しいことをしないと講談界は衰退してしまうと必死でした。高座から客席を見たら、常連のお年寄りばかりなのですから。自分たちのお客を開拓しないと、真打になっても先行きは暗いと考えたのがきっかけです。若気の至りかもしれませんが、自分たちなりに頑張ったと思います」

真打昇進披露興行（昭和四十一年九月）を数日後に控えた貞水は、朝日新聞の取材に答えている。「講談は伝統芸術だ、伝統を守れ、といっても、先輩の残した話をそのまま守ることが、伝統に忠実だということではないでしょう。むしろ、講談も大衆演芸だ、ということを大事にしたいんです。

トリオ・ザ・コウダン（左から貞春、一鶴、琴調）

そして、新しいお客を一人でもふやしたいんです」（八月二十八日付）。必死に講談界の隆盛、観客の開拓を訴える切実なコメントである。その思いは、その後も一貫して貞水を支え、様々な新機軸を打ち出す原動力となった。朝日新聞でのコメントは続く。「やはり、大事なのは、私たちが講談を本当に愛することですね。長距離レースですよ。たとえ生活に恵まれなくても、生涯をかけたすてきな商売ではないですか」。芸人として生きることの確固たる覚悟が、二十代にしてすでにうかがわれる。確かに前座生活は長く苦しい日々だったが、講談師として本当にその腕が試されるのは、一人前の真打になってから。貞水の本格的な苦闘と修業は続き、試練に耐え続けるのである。

結婚

芸に邁進する貞水であったが、私生活では真打昇進の翌年、結婚という大きな節目が訪れた。相手は、ゆき子。今は貞水の居宅の一階にある居酒屋「酒席 太郎」を切り盛りするおかみである。貞水はしみじみと語る。「かみさんは苦労人なのです。千葉の大原で生まれたのですが、その後上京して姉さんや妹さんと女三人でいろんな商売をしながら暮らしていました。僕らが出会ったときは、浅草橋のとある問屋に勤めていました」

師匠の貞丈は、弟子に好いた女性がいることに気づいていた。そのため、真打に昇進するにあたり、「どうするのか。はっきりしないとだめだ。一緒になるのか、別れるのか。いっそのこと、一緒になれ」と言った後、「真打披露のときにかみさんの披露もしたらどうだ」と持ち掛けた。貞水にとってはありがたい話だったが、しばらくして、貞丈は「やはり、真打披露は公の行事だが、かみさんの披露は私事だ。だから、別々にしないといけない。まずは真打披露をしろ」と前言を撤回した。貞水は師匠の言うことだから、素直に従うしかない。そして一年後、貞丈が「女はどうした」と聞くので、「まだ一緒におります」と答えたところ、師匠に促されて結婚式と披露パーティーを開くことになった。

結婚式は当然のことながら自宅真上の湯島天満宮。披露パーティーは、真打昇進パーティーと同じ銀座のビアホールだった。昭和四十二年九月二十六日付のサンケイスポーツによると、集まったのは講談ファンや画家、衆議院議員、そして芸人ら二百人。盛大な集まりとなった。記事には「貞水の兄弟子の一龍齋貞鳳は司会役で汗をふきふき大車輪、師匠貞丈も参会者のあいだをあいさつ回りで大忙し、といった風景の中で、貞水一人、しあわせを独占したような表情だった」とある。

貞水は、家族のことをあまり語らない。とは言いつつ、「かみさんは貞春時代、僕の勉強会のビラを配ってくれるなど、行動力はあるのです。昭和四十年代の終わり、帰宅したら大工がいて工事をしている。以前から二階に稽古場があればいいな、ちょっと座敷でもあると近所の人を呼んでこぢんまりした会が開けるな、などと楽しみにしていた。そうしたら、一階は飲み屋の『太郎』になった。僕の稼ぎが少ないから、一計を案じたのです」と、冗談とも本気ともつかぬ口調で話す。だが、息子や娘を芸界に入れることはせず、家族に高座姿を見せることも滅多になかった。そのあたりは明確に一線を引いていた。「芸能界、演芸の世界ともに子供が親の職業を選ぶことは珍しくないですね。子供が同じ世界に入るのは、親がある程度の地位にいてやりやすいこともあるのでしょう」と言葉少なに話す。だが、貞水はその道を選択させなかった。それは、芸道の厳しさを人一倍知る者としての心遣いであり、ほんとうの意味での家族思いだったからだろう。夜が更けて、湯島天満宮の方向に足を向けると、男坂の下に一つだけポツンと灯がついていることがある。「太郎」が営業しているのだ。天満宮で開かれる貞水の「連続講談の会」に顔を出す筆者が窓越しに中をのぞくと、おかみさんが懸命に立ち働いている姿が目に飛び込んでくる。天神様に商売繁盛を願わずにはいられないこと再三であった。

講談界の内紛

貞水が真打に昇進したのが昭和四十一年。その翌年に結婚。公私ともに充実した日々を送るはずが、昭和四十三年、師匠の五代目貞丈が急逝。貞水に大きなショックを与え、先述したような老大家の相次ぐ逝去もあって、否が応でも独り立ちしてやっていかざるを得ない状況に追い込まれた。それが逆に貞水の成長の原動力となり、若きホープとして講談界の盛り上げの前面に立つことになる。

昭和四十八年は、前年改築した本牧亭の客の入りが悪いことを受けて、貞水は読売新聞に次のようなコメントを寄せている。「このままじゃいけない。なんとかしなくては。そこで手始めに（琴調改め琴鶴との）二人会をやることにしたんです。ただ、今年いっぱいでだめならもう講談はおしまいだ、ときめつけられちゃ困るんです。講釈師も席亭も、まだまだベストを尽くしているとはいえないし、また多少上向きの傾向が見えてきても、数字的に採算がとれるようにならなくてはダメだというのなら、一年ではとても無理だと思う。そんな期限を切ることよりも、講釈師と席亭がもっと客の動員に積極策をとることのほうが先決でしょう」（一月二十六日付夕刊）。講談界ではまだひよっこ扱いの三十代はじめの講談師に過ぎない貞水が、講談界を背負って立つ気概を披瀝している。

一方で、昭和四十八年は講談界にとって激動の年であった。講談協会が分裂したのである。その経緯は、当時の新聞によって記されているから、長きにわたるが引用する（朝日新聞五月二十五日付夕刊。吉沢英明編『講談昭和編年史・後期』による）。

「講談界にまたもや内紛　協会、二派に分裂　この一日、本牧亭で、神田山陽一門会があった。このとき、女性講談師天（てん）の夕づるが読んだ〝ポルノ講談〟がそもそもの発端である。この人、田辺一鶴の弟子で田辺夕鶴と名乗っていたが、師匠に〝破門〟され、最近、山陽の預かり弟子になった。夕鶴当時、ポルノもので名を売った。この日の彼女の演目は『娼婦シリーズ』、見せる講談の新趣向とかで、長じゅばんで高座に上がり、小道具に寝具を持ち出した。この演出に協会員がさわぎ出した。『あれは講談じゃない。講談を破壊するものだ』という意見と、『ああいう講談があってもいい』というものと。で、この十一日、総会、そして投票で一気に解散……ところで、こんどの解散で講談人物地図が変わった。古格を守るという『講談組合』が、神田伯治、神田ろ山、小金井芦州（ろしゅう）、一龍齋貞水、宝井琴鶴ら十四人。長を置かず、この五人の委員の合議制とか。新しい試みも、という『日本講談協会』は、神田山陽を会長に、馬場光陽、田辺一鶴ら、山陽門、一鶴門を中心に十四人。中立派は最長老の服部伸、一龍齋貞鳳、一龍齋貞丈、貞丈門下の貞司、大阪の旭堂南陵（きょくどうなんりょう）とその一門三人、もともと講談協会に入っていなかった神田伯山、宝井馬琴、伊藤痴遊」

同じころ、舞踊界にも家元制度を批判する花柳幻舟などがあらわれ物議を醸したが、講談界でも貞水は若くしてこの騒動の渦中にあり、キーマンの一人として存在感を放っている。貞水は当時を回顧して言う。「この問題は功罪相半ばする二代目神田山陽先生の問題でもあったのです」と、騒動の本質を喝破する。二代目神田山陽は明治四十二年(一九〇九年)の生まれ。生家は書籍取次の大店で、山陽はそこの若旦那だった。自伝『桂馬の高跳び』(光文社)に自らの歩みを記しているが、要は若旦那の道楽芸として講談を始めたらどっぷりはまり、ついにはプロとして高座に上がるようになった人だった。私費を投じて講談界復興のために奔走し、昭和四十五年には講談協会会長にまで上り詰めた。晩年は、女性の弟子を多く育成し、講談界に女流講談師が一大勢力を占めるほどまでに伸長。平成十二年(二〇〇〇年)に九十一歳で没した。貞水は「今の講談界があるのは、山陽旦那が女性の弟子をとって現在まで芸をつないできた功績あってのことだと思います。でも、山陽旦那の弟子だった天の夕づるに対しては本牧亭が怒ったのです。高座に布団を敷いて長襦袢を着てポルノ講談をやるわけですが、肝心の話もうまくない。でも、山陽旦那は『売ればいい。マスコミの話題になればいい』という言い分だった。物珍しさで客は来ます。さらに山陽旦那は『売れたら真打だ』という論法で押してきたのです。それは講談の真打とは言えないのではないか、というのが僕らの感覚でした」と振り返る。貞水は山陽の旦那気質が嫌いではなかった。セミプロから業界入りした山陽に対する偏見もなかった。山陽の話をしているときの貞水は、親愛の情を隠そうとはしない。

貞水は、名前が先行して売れても真打にする必要はないのではないか、という講談界で十五歳から地道な修業を積んだ者としての順当な考えを持っていた。だが、山陽は「これぞ、これからの新しい真打」という言い分で押してきたので、騒動がより大きくなった。一方で、貞水は不覚にも、山陽を講談協会会長から排斥しようというアンチ山陽勢力の動きがあることを知らなかった。貞水には、アンチ山陽勢力からの働きかけはなかったという。そして、講談協会の解散決議の投票が行われた結果、山陽の意に反して解散が決まってしまった。貞水は「僕は選挙のときには仕事があったので途中で失礼しました。いろいろあっても、講談協会の会長は山陽旦那であることは年功序列で決まっているから、今まで通り動くのかと思った。仕事を終えて帰宅したら、山陽旦那の弟子から連絡があって、僕もびっくりしたのです」と明かす。そのとき、貞水は山陽排斥の根回しが周到になされ、クーデターが起きたことを知った。「でも、僕は山陽旦那と行動を共にすることはないし、講談協会は師匠の貞丈が会長を務めたところだから、すべて見届けるまで残りますと宣言したのです」

紆余曲折のはてに貞水は、昭和五十五年に神田派と一本化した団体（講談協会）に所属することになるが、平成三年には山陽が再び統一団体から脱退して日本講談協会を設立して今に至る。「僕が山陽旦那に全く悪い感じを持っていないことを知ってか、先方の八十歳のお祝いのときにも僕だけ呼びに来ました。いろいろあっても講談界には功績のある人で、その人のお祝いに後輩が行かないほうがおかしいと思ったから出向きました。亡くなったときも葬式に行きました。そのときには、うちの協会（講談協会）の連中もかなり行ったはずです」。天の夕づるのポルノ講談に対しては嫌悪の感情を抱いた貞水だが、山陽へのわだかまりはない。だから、講談協会分裂劇には今もって釈然としないものを感じている。

近年、文化庁の伝統芸能の保存に関する補助事業で、大阪や神田派の講談師が貞水のもとに稽古に訪れる機会が増えている。貞水の泰然自若とした立ち居振る舞いもあってか、自然と交流はスムーズなものとなっている。「講談界が変わったと言われますが、僕から言わせれば元々は一つにまとまっていたのだから、驚くに値しない。いろいろありましたが、今の若い講談師には関係ないのですから、ゆくゆくは一緒になってもいいのではないでしょうか」。当時のいきさつをつまびらかに知る貞水のメッセージである。

本牧亭閉場

貞水は常に講談界全体のことを思って行動する癖がついている。それは師匠の貞丈をはじめ、老大家の先生方もみな同じように講談界の未来を思って、貞水を前座時分から仕込んでくれた恩義を返そうとする志向から生まれる。昭和五十年、貞水は「鉢の木」で文化庁芸術祭優秀賞を受賞。雑誌『講談研究』を長く発行していた田邊孝治は、そのときを振り返って「大賞受賞者がいなかったこの年、貞水は四人の優秀賞受賞者のトップであった」と記している。貞水の長年の研鑽が外部から評価される時期がやってきた。才能が一気に花開く季節が巡ってきたのである。

「鉢の木」は前述の通り、木偶坊伯鱗から口移しに教えてもらった古典の傑作。貞水はこれを個人の会ではなく、講談協会の催しの一つの演目として口演した。「外に向かって発信しないと講談協会、そして講談界がだめになるという思いが始まりでした」。若手主導で会を開くことになり、貞水自ら文化庁に足を運んで応募書類をもらって参加したのである。トリを含めてすべて年功序列で番組を組み、貞水の出番は若いから当然、前のほうだった。ところが、その高座が評価され、優秀賞受賞になった。貞水は、横浜にある師匠・貞丈の墓に受賞を報告している。「自分でも嬉しかったのだと思います」。翌年には放送演芸大賞講談部門賞を受賞。貞水の高座に勢いがついた。

昭和五十五年には、若手講談師のために自宅を開放して「講談湯島道場」をスタートさせる。これは、女流を中心に若手講談師が徐々に増えてきたため、互いに芸を琢磨する場として、自宅に客を呼んで講談を聴かせようという試みだった。場所は自宅の二階。客は三十人ほど入ったが、貞水は床が抜けるのではないかと、ひやひやしたという。数人の講談師の口演の後、会場は座談会の場となり、客から「言葉づかいをもっと正確に」「間をとりすぎて盛り上がりを逃がしている」などの厳しい批評が出たという（当時の読売新聞より）。貞水宅にある大量の速記本に興味を抱き、肝心の講談を聴かずに本ばかり読む客もいて、なかなか興味深い趣向だったと貞水は回顧する。「講談の将来を見据えた試行錯誤の時期でした」と話す通り、翌年にはテレビの「アニメ怪談」に出演するなど、活動範囲は多彩なものとなっていった。

そんな時間を過ごしていた平成二年、貞水のみならず、講談界にとって歴史に残る大事件が起こる。講談唯一の定席、本牧亭の閉場である。貞水にとって、初高座、前座修業、真打昇進披露、独演会の開催など、講談師人生を育んでくれた場であっただけではなく、心のよりどころとも言える寄席だっただけに、そのショックは大きかった。

席亭の石井英子による『本牧亭の灯は消えず』（駸々堂出版）によると、講談定席の不振もさることながら、上野広小路近くという一等地の土地の相続税を巡る懸念が、閉場のもっとも大きな理由だったと記されている。時はバブル経済全盛期。土地の値段は急騰、億単位の相続税が予想されたため、最後は石井が決断したという。

明治時代の講談黄金期、東京の講釈場は各町内に一、二軒、総数二百軒あまりはあると言われていた。それが関東大震災や戦災で焼け、講談の人気の低落もあって、戦後の講談の定席は、本牧亭ただ一軒になっていた。落語に押され、テレビなどの大衆娯楽の多様化にも乗り切れず、講談のファン層は高齢化し、本牧亭も定席とは言え、月に数日しか講談の公演が開けなくなっていた。名人上手はいても時勢には逆らえないのが世の定め。貞水ら客を呼べる講談師はいたものの、本牧亭の経営を立て直すまでには至らなかった。

「僕は本牧亭にいられただけでも幸せな世代だったと思います。昔の講釈場はこんな感じだったのだろうか、とその雰囲気を肌で感じられましたから。本牧亭を客でいっぱいにしてこそ、天下の講談師という強い思いを持ち続けていました」と貞水。惜しむ声は多かったが、定席の講釈場を維持するだけのファン層の厚みがなかったのも事実だった。貞水ら現役の講談師は歯噛みしたが、どうしようもなかった。安藤鶴夫は昭和三十七年に読売新聞夕刊に連載した『巷談本牧亭』ですでにこの地を〝土一升、金一升〟と表現していたが、バブルの狂騒に浮かれる日本社会は、小さな講談席を吹き飛ばすことなど、なんとも思わなかった。社会の趨勢に左右されるのが芸能の常であることは重々承知していても、講談師の微力では存続の声も高まらなかった。閉場を惜しむ客で一時賑わうのが精々だった。伝統の芸というのは、それほどまでに現下の日本社会の中では脆いのが現実である。

本牧亭（改築前）

　貞水が本牧亭の思い出話を語りだすと、講釈場がまだ生き残っていた東京の息吹の一端を感じとることができる。白山の花柳界出身の下足番のおじさんがいて、火消しが世の中で一番偉いと信じ、火消しの半纏を羽織って喜んでいたこと。前座時分に高座で一生懸命読んでいたら、「俺はお前の高座を聴いているんじゃない。お前に勉強をさせてやっている」と説教してくれたお客。おかみさんの部屋を勝手に通り抜けて高座の後ろから顔を出して講談師を驚かせた相撲取り。様々な思い出が、貞水の胸中を去来する。

楽屋は、高校を早々に中退した貞水にとって、大人になるための「学校」であった。楽屋には長火鉢があり、その奥が一番良い席で、邑井貞吉がトリをとる日はそこに座ると決まっていた。ほかの人はそこに座れない。すると、桃川燕雄が前座より早く楽屋入りして、その隣の次に良い席に座る。先輩が来ると、パッと立ち上がって座布団をひっくり返して「さ、どうぞ」と言って座らせるが、後輩の七代目一龍齋貞山や五代目宝井馬琴が来ても、一向に動こうとしない。自分のほうが古株だという意識があるからだ。そんな人間模様を見ながら、貞水は様々な芸談や回顧談を耳にし、自らの芸を培う肥料としてきた。

講談の歴史を振り返れば、空襲で東京の講釈場のほとんどが焼け落ち、定席が無くなったところを、上野・鈴本の大旦那が本牧亭を作ってくれたから、講談の命脈が絶えずに続いてきた。そして、苦しい時期にも講談を捨てずに貞水らに話を受け継いだ老大家や諸先輩方がいたから、興行が成り立っていた。そして六畳二間の楽屋で聞いた様々な教えもまた、貴重な無形文化財だった。いま、貞水の自宅には、本牧亭で使われていた釈台がある。何百人という講談師が文字通り汗水垂らして講談を読み、張り扇で叩いた釈台。お客はその釈台越しに講談師の様々な読み物を聴き、ときに涙し、ときに笑った。まさに講談師と客の魂のこもった釈台。貞水は講談定席の寄席が復活したら、釈台を返そうと考えている。それが、いつの日になることか。夢幻（ゆめまぼろし）の話のようでいて、復活を固く信じているのが貞水であり、今を呼吸している講談師たちだろう。

人間国宝認定

本牧亭がなくなった後も、貞水は精力的に高座を勤めた。高座に限らず、平成八年には一人芝居で「鬼平犯科帳」を上演するなど、活動の幅を広げることにも余念がなかった。中学時代、学芸会で演じた経験が忘れられず役者を志したこともあるから、一人芝居に抵抗感はなく、むしろ前のめりで取り組んだ。場所は東京・武蔵野芸能劇場（東京・武蔵野市）。芸能生活四十周年記念公演として、池波正太郎の人気作品「鬼平犯科帳」シリーズの一作品を選び、役どころに合わせて衣装を替えていく趣向で一人芝居を演じた。平成九年には、「四谷怪談」全編を読み切り、五巻のCDとして発売、続く平成十年には、「赤穂義士本伝」全編を読み切り、こちらは全十五巻のCDとして世に問うた。「赤穂義士本伝」のCD化に際しては、読売新聞に苦心談を語っている。「昭和三十年に講談師になってから、本伝を通して演じた話題を耳にしたことがない」。そのため、「先達が部分的に演じた公演の速記本を頼りに本伝を構成し直した」と話す。刃傷事件の発端から討ち入りまで十五巻のCDを、十五日間スタジオにこもって収録した苦心の作だった。「本伝の格調を保つことと、技巧ではなく熱意で語ることを心掛けた」と振り返っている（十一月十三日付夕刊）。

平成十一年には下町人間庶民文化賞を受賞、そして平成十四年には講談協会会長の職に就いている。師匠の貞丈が講談組合の頭取を務めたのに続き、弟子の貞水も講談組合の後身となる講談協会トップの役を務めることになり、その重責がのしかかってきた。協会の会長に就任したのは、貞水の年功を考えれば当然のように思えるが、講談の将来を常に憂える貞水にとっては、個性の強い講談師を取りまとめる重要な地位を占め、重しとなる役回りが巡ってきた。若手の育成、発表の場の確保など、講談界を巡る問題は山積しており、本人は「順番だよ」と冗談めかして語るが、他にふさわしい人材がいなかったことも大きかった。前述した日本講談協会（神田派）や上方講談との相互交流を進めていったのは、貞水の度量の大きさゆえ、皆が納得した上でのことだった。十五歳で本牧亭の楽屋に入って以来の経験値が生かされるポジションに就き、貞水の講談界における影響力はいよいよ増していった。

公私ともに多忙を極めていたその平成十四年、思いもかけぬ知らせが貞水のもとにもたらされる。重要無形文化財保持者（人間国宝）に貞水が講談界で初めて認定されたのだ。平成七年の五代目柳家小さん、翌年の桂米朝に続き、演芸界でも三人目という栄誉だった。当時、六十二歳だったという年齢を振りかえって、貞水は言う。「昔の楽屋では、四十、五十代はひよっこ、六十代になって初

人間国宝認定の祝賀パーティー

めて講談という芸の真髄の一端がつかめると聞いていたので、正直なところ、びっくりしました」。六十代を迎え、もう一度、自分の芸を練り直し、さあこれから本格的に飛躍しようという矢先での人間国宝認定に、これは大変なことになった、責任重大だ、と躊躇したのもむべなるかな、である。「認定された当人にとっては困ったことだったのです。これから何か仕掛けようというタイミングでしたから。講談師として材料をたくさん買い込んだから、これからどう品物に仕立て上げようかと思っていた矢先のことでした」

だが、貞水は思い直した。「講談師として自らが培ってきた芸を後進に伝え、人間国宝認定のニュースを聞いて講談に目を向けた人々をこの世界に誘うのも自分の仕事だ。これを機会に講談界を盛り上げよう」

　正直言って、六十代に入ると、前座時代のような勢いのある高座は体力的にできなくなった。高座で自ら「声が出なくなったな」と思うこともあった。曲がり角を迎えたのである。芸人として、乗り越えなければいけない険峻な山坂の一つである。だが、人間国宝認定に前後して、貞水はかつて邑井貞吉が語っていたことを思い出すようになった。「人間、枯れてはだめだよ。枯れたというのは衰えたということだから。芸が枯れましたね、と言われるのは、お前はおじいさんになってもうだめだって慰めて言っているだけだからね。芸は枯れちゃいけねえ」。貞水はその言葉を反芻し、今でも「二十代の若い奴などに負けてはいられない」とばかり、いきなり高座で修羅場を披露することがある。その流麗な語り口に客は大喜びだが、本人は息があがりそうで疲労困憊となる。だが、気持ちの上で対抗しようとしているだけ、自分は枯れてはいない、と思っている。人間国宝の認定を受け、周囲の見る目は明らかに変わった。だが、貞水は置物のように扱われるのは御免だと心底考え、より一層、地道な修業に励むようになった。功成り名遂げたにもかかわらず、失敗を恐れず長編読み物に挑戦し、若き日から磨きに磨き上げた立体怪談も一向にやめようとしないのは、「偉大なる未完成を目指す」という座右の銘があるからである。

コラボ挑戦

人間国宝の認定を受けた貞水は、様々な栄誉に浴していく。平成十五年には文京区区民栄誉賞を受け、浅草公会堂前のスターの手形に自らの手形を残す顕彰も受けた。一方で、新たな試みも忘れず、平成十七年にはジャズダンスとの共演を行って話題を呼んだ。

手形のことに筆者が言及すると、貞水は照れ笑いを浮かべ、「手形で顕彰する制度があることは知っていましたが、役者や映画俳優や歌い手さんがやるものと思い込んでいたのです。僕はそういう事情に疎いので」と話す。実際、貞水は自分を売り込むような態度を一切取らない。東京っ子特有の含羞とでも言うのだろうが、来た仕事を引き受けるというのが基本的な姿勢だ。「芸人として自己主張が足りなかった」と自らを省みるが、師匠の貞丈もその性格を見抜き、「お前は客に世辞が言えないし、客は集められないし」とぼやいていたという。だから、貞水には今も個人後援会がない。人間国宝にまで上り詰めた芸人としては稀だろう。「御贔屓に頼みに行けないのです。恥ずかしいというか、体裁が悪いというか。師匠の貞丈に後援会があり、兄弟子の貞鳳さん、師匠の息子さん(六代目貞丈)にも後援会があるなかで、僕の後援会に入ってくださいとは御贔屓にとても言えないでしょう」と声が細くなる。強力な後ろ盾なしで人間国宝になったということは、その意味では、実力を認められたということの証左ともなろう。

ジャズダンスとの共演は、斯界の第一人者である三代真史(みしろまさし)との組み合わせで、貞水の特別演出による「赤穂義士伝」の「忠臣の義」を文京シビックホールで上演した。貞水が講談を読み、四十七人のダンサーがその筋に沿って踊るというものだ。意外な取り合わせに観客はびっくりしたが、講談の独特のリズムに乗ってダンスが繰り広げられる光景を見て、カーテン・コールが幾度も起きるほどの喝采を受けた。

「コラボレーションは面白い」というのが貞水の持論で、平成二十一年には中国の京劇との共演も果たした。まさに八面六臂の活躍。人間国宝認定を受けたからといって講談の枠に縮こまらず、積極的に打って出た。こうした活躍の裏にあるのは、貞水の講談の芸の確かさだろう。古典から新作まで、ありとあらゆるジャンルの講談を読むことができる芸の裏付けがあればこそ、可能だったと言える。いま、これだけの挑戦的な公演に挑む講談師がいるだろうか。貞水は、「後進は意外に保守的なのです。講談の基礎をみっちり身に付けさえすれば、他流試合をすることはいくつになっても遅すぎることはないと思うのですが」と発破をかける。講談という芸のイメージは現代にあっては、古臭いと思う向きもあるだろう。だが、そのイメージを積極的に破り、変えていかない限り、芸の未来は見えにくい。その切込み隊長が、本牧亭で純粋培養された古典派の貞水というのも、なにやら皮肉な感じがする。後進の奮起が今こそ望まれる。

海外公演

まえがきで触れた湯島天満宮境内の「講談高座発祥の地」の碑を建立したのは、貞水その人である。東日本橋・薬研堀不動院に辻講釈が始まった地を顕彰する「講談発祥記念之碑」があるが、これは昭和五十九年、六代目宝井馬琴が建てたものだ。辻講釈と高座発祥の地。それぞれに顕彰碑を建てたのが、かつて本牧亭で二人会をやった貞水と馬琴というのも興味深い。まえがきで記した通り、江戸時代、湯島天満宮で伊東燕晋という人が講釈場のようなものを作ったということは、貞水は前座時代から知っていた。貞水いわく「人間国宝になると、だんだん話が大袈裟になってきたのです。『あなたは湯島天満宮の境内で一生懸命お稽古をして、天神様のお陰で講談がうまくなって人間国宝にまでなったのでしょう』という人が出てきて、引くに引けなくなった」。天満宮も土地を提供し、後押しした。貞水は内心、「天満宮が建ててくれないかな」と思うこともあったが、結局、貞水自身が建てる羽目になったと苦笑いを浮かべる。石だけで二百万円かかったというから、大出費である。寄付をしましょう、という人も現れない。募るのも

「講談高座発祥の地」の碑、除幕式の日

なんだか体裁が悪いというのが貞水の流儀。おかみさんが怒ったのも当然だろう。しばらく飲み代がなくなった。

同年、貞水はベルギー、ドイツ、フランスを巡演するヨーロッパ・ツアーを敢行している。講談師が海外在住の日本人相手に公演したケースは過去にもあったが、貞水の場合はあくまで、現地の外国人に日本の伝統話芸、講談をぶつけてみようという挑戦だった。貞水の感想を記せば、「人間はどこか通じ合っている。むやみにお喋りをしなくても、一心に講談を読んでいれば、お客に伝わるものはあるようです」とのこと。実際、ツアーでは観客の心をつかみ、カーテン・コールで幾度も舞台に出るという日本の講談公演ではあり得ない貴重な体験をした。現地では、日本語で貞水が講談を読み、その内容を字幕で表示する方法を取った。字幕を出すタイミング、翻訳などには苦心したが、あとは日本で口演するときと同じスタイルで臨んだ。一席目は怪談で、ラフカディオ・ハーンの「破られた約束」。死ぬ間際の妻が夫に、後妻をもらわないでくださいと頼んで死ぬが、夫はその約束を破り、後妻を迎える。すると、後妻が幽霊に祟られるという新作で、女性の嫉妬というのは洋の東西を問わないのか、観客の反応はまずまずだった。そして二席目は思い切って修羅場を読んだ。講談独特のリズムと口調を、少し多めに張り扇を叩きながら披露した。これが大いに受けた。貞水は「修羅場の話の内容は、現地の事情を考えたものにしたのですが、果たして通じたのかどうか」。だが、講談のリズミカルな読み口が客の心をつかみ、大きな拍手と歓声が沸き起こった。貞水の芸が国境を越え、外国人にも理解された瞬間だった。「講談の魅力を再発見する契機になりました」。自らの芸にも自信を抱き、大きな成果を得られた外国公演だった。

こうした多様な活躍ぶりが評価され、平成二十一年には旭日小綬章を受章。貞水の経歴にまた一つ、文字通り勲章が加わった。本人は「たいしたことをやっているわけではないのですが」といつも通り謙遜するが、講談界を牽引する存在として、その動きは無視できないものになっていた。貞水のマルチな才能が文字通り花開き、入門前に邑井貞吉が浅野清太郎少年に言った「雨あられ　雪と氷と隔つれど　落つれば同じ　谷川の水」という教えは、まさしく正しかったことになる。貞吉の慧眼、恐るべしである。

連続講談の会

貞水は平成二十三年から湯島天満宮の座敷を借り、月に一度のペースで「連続講談の会」を開いている。貞橘、貞友といった弟子が膝がわりで一席口演した後、貞水が大きな読み物を連続で読むという会だ。多いときで五、六十人、少ないときで二、三十人の講談ファンが集まり、夜の静まり返った天満宮の一室で貞水の口演に耳を傾ける。そこでは、貞水のやりたい演目が披露されるため、貞水は文字通り、体力の及ぶ限り至芸を見せようと奮闘する。客はその芸の一端に触れたいと願う生粋の講談好きばかり。どこか、本牧亭の空気がよみがえったような錯覚に襲われるのは筆者だけだろうか。

「赤穂義士伝」、「緑林五漢録」、「田沼騒動」、「仙石騒動」、「四谷怪談」……。貞水が老講談師や老大家から教わったり、自ら速記本から起こした名作の数々。いまや他の場所ではなかなか聴けない連続ものばかりだ。当初は、「赤穂義士伝」を全編読み通そうという貞水の発案から始まった会だったが、徐々に七十歳を超えた自らの限界に挑戦するという鍛錬の場になっていった。「どうしてこの年になって、一から覚え直す苦労をしなくてはいけないのか」と自虐的にぼやくが、やり慣れたものを磨き上げるより、挑戦することのほうに意義を見出している。そして、先人の残した財産、読み手のない古典を復活させる仕事を自分の世代がやらなくてはいけない、という強烈な責任感を抱いている。

貞水は言う。「連続ものには『太閤記』をはじめ、いい読み物がたくさんあります。僕のところに来る弟子志望者はほとんどが怪談をやりたがりますが、講談師として身を立てる以上は、連続もののような講談のエッセンスを知る必要があるのではないでしょうか。この年でも一生懸命に勉強する姿を弟子たちに見せて、勉強してほしいという僕なりの強い思いなのです」。前座時代、貞水は「義士伝」や「伊達騒動」、「曾我物語」のような大ネタを本牧亭のトリで連続口演したい、というのが夢だった。本牧亭がなくなった今、貞水は自らその場所を設け、「芸人は死ぬまで勉強」を口癖に鍛錬を重ねている。

そして、連続講談の会は、長引く闘病生活の支えとなっているのではないか、というのが筆者の見立てだ。相次ぐがんの発覚や手術、投薬治療を乗り越え、高座に上がる直前まで酸素吸入器を身に着けながら連続講談を読み続ける姿は、ときに鬼気迫るものがある。「病気に負けるものか、という強い気持ちで芸の高みを目指しています」と話す貞水の眼の光は、輝きを失うことはない。

最初のがんの発覚は平成十七年だった。ピンポン玉ほどの膀胱がんが見つかり、手術。四年数か月後、再び検査したところ、膀胱は大丈夫だったが、前立腺や肺にがんが転移していた。ヘビースモーカーだった貞水の肺は、がんに侵されていた。結局、肺の手術を三度受け、身体には大きな手術の痕が残っている。病院で呼吸器の検査をすると、肺活量の少なさに医師や看護師が驚くほどだというが、高座では二時間近く、遠くまで通る声で講談を読んでいく。「それが医者には不思議で仕方がないようです」と貞水は余裕の笑みを浮かべるが、抗がん剤との戦いは、余人には思いもよらぬ苦しみもあるに違いない。しかし、高座では病気さえも冗談にして、読み口は一向に衰えをみせない。「いかに悟られないようにするかが芸。ちょっと息遣いがおかしいな、と思うときには咄嗟に別の登場人物をこしらえて、その人物に喋らせて呼吸を整えたりしているのです」。長年の高座生活から、そういった芸当は自在にできるのだ。「病気とうまく付き合いながら、少しでも長く高座を勤めていきたいと思います」。抗がん剤で気分が悪くなったら、「二日酔いには慣れている」と思うようにしていると話していたこともある。これからも闘病生活は続くことだろう。だが、衰えを知らぬ連続講談の会の迫力を毎月、目にするたびに「先生はまだまだ大丈夫」と筆者は信じるのである。

学校公演

貞水の活動の大きな柱の一つが学校公演だろう。北海道から沖縄まで津々浦々、小中高校生に講談を聴かせて歩いている。新しい観客層の開拓のため、特に若い層の掘り起こしのため、人間国宝が自ら地方に出向き、講談を聴かせる。昭和五十年代から続けているというから、年季が入っている。

きっかけは些細なことだった。落語家の七代目春風亭柳橋(一九三五〜二〇〇四年)が「学校で公演をやり始めたのだが、あまり予算もないし、出かけるのは大変だけれども助けてくれないか」と貞水に持ち掛けたのが始まりだったという。当時は、まだキャバレーの立体怪談の仕事もしていて、自分の車に道具を載せて回っていたので、二つ返事で引き受けた。最初は自分が通った学校や知人のPTA会長に頼まれる程度の仕事量だったが、徐々に増えて、あるときに数えてみたら百二十校ほども公演していた年もあったという。学校公演を寄席よりも下に見る芸人もいるが、貞水は違った。「定席で七十、八十歳の常連のお年寄りにどれほど喜ばれても、将来を考えたら学校公演で若い人を相手にして口演したほうが客の開拓につながると思ったのです」。二度と聴かずに一生を終わる生徒が大半だろうが、この中の一人か二人でも講談に興味を持ってくれたら意味がある、という思いを胸に高座を勧めた。また、初めて講談を聴く生徒が多いため、初心者を相手にする高座のコツを習得することに力を注いだ。「単に高座の数や収入が増えたということ以上に、得るものの大きい仕事でした」。こうした仕事に手を抜かないところが、貞水のまじめなところである。すべてが芸の肥やしになるという前向きな考えを常に持っているからこそのポジティブ思考だろう。

現在は、影向舎（ようごうしゃ）という会社が全面的に貞水のマネージメントを引き受け、舞台装置の準備、演出の手伝いなどもするので、立体怪談を披露するのは随分楽になった。人間国宝になっても続けている理由を問うと、「僕は寄席芸人で、しょせんは大衆演芸。人間国宝だから体育館でやらなくてもいいでしょう、と言う人もいますが、気取る必要はありません。全国を回っているのは、仕事の声がかかるのが嬉しいから。若いころは仕事がなく、苦しい時代を過ごしましたから、仕事があるだけで元気になるのです」と話す。病気になってからでも、年間百公演ほど回っている。

筆者は一度、茨城県の学校公演に同行したことがあるが、夜には共演する若手の芸人たちと酒を酌み交わし、芸談にふけり、実に楽しそうだった。貞水にとっては、違うジャンルの芸人や若手との大事な交流の場でもあるのだ、と実感した一夜だった。そして、いざ公演に臨むと、騒がしかった生徒たちが立体怪談に次第に引き込まれ、お喋りはピタッと止まり、舞台上の貞水の一挙手一投足に集中してくるのが伝わってきた。手抜きは一切なく、さすがは人間国宝の口演、とその実力に改めて感服した。旅の公演であっても、その真価は遺憾なく発揮されていた。終演後の生徒たちの大きな拍手が耳に残って離れない。

張り扇や速記本

講談の高座に欠かせないのが、釈台とそれを叩く張り扇、話の調子を取る拍子木である。和紙を巻いた扇である張り扇は、講談師が自分で作るのが不文律。役割は、張り扇そのものも喋る、ということである。自身の声や息遣いなどを考え、高座で叩いて鳴らす扇の厚さはどのぐらいがいいか、紙を巻く硬さはどの程度にするか、経験と感覚から覚えていく。張り扇の芯は白扇。女流講談師の中にはよく音が鳴るという理由で大きな舞扇を用いる向きもある。女流を多く育てた二代目神田山陽は、いい音がするという理由から人工の皮を張った扇を使用したこともあるというから、自由度はかなり高い。

貞水の思い出に残っているのが、木偶坊伯鱗が作っていた張り扇。千葉の本八幡に住んでいたので竹藪の竹を切ってきて平らなヒラを作り、それを芯にして張り扇に仕立てていた。伯鱗はそれを二代目神田松鯉に譲り、松鯉は晩年までその張り扇で通していた。竹を芯にしているので叩いているうちに縦に割れ目ができる。そのため、使っているうちにしなる。ビシッという音ではなく、ポーンという音になって、それが松鯉の温かみのある口調の高座によく合ったというのが貞水の証言である。

拍子木を、貞水自身はほとんど用いない。「僕の声には、チョーンという音が合わないのです」と理由を語る。拍子木も講談師が自分で作るか、ときには講談のセミプロにもらう。貞水は一本、思い出の拍子木を持っていた。それは邑井貞吉が、「君、僕があげたというのは他言無用だよ。これは君ね、僕のかかあ（竹本東猿）のものなのだ」と言って、拍子木をくれた。東猿の使っていた三味線が壊れたので、その三味線の棹で拍子木を作ったのだという。「何本か作った中の一本が残ったから、君に断腸の思いであげる」と、なんとも大袈裟な能書きでくれたから、貞水はありがたく拝領した。もっとも、大事に使っていたものの、「今はどこにいったのか分からなくなりました。残念なことをしました」と苦笑する。その後は、木刀で作ったものを持っているが、前述の通り、あまり使わない。「『中村仲蔵』のような歌舞伎俳優の出てくる読み物では、チョンチョーンという拍子木の音は、効果音としてぴったりだと思うのですが」と話す。

そして、講談師の稽古に不可欠なのが、速記本と点取本である。速記本は古本屋などで現在も売っている。文字通り、講談の高座を速記した本を指す。点取本は、講談師が師匠などから教わった話の要点を書き留めておくもの。プロの講談師が用いる本である。点取本がもっと詳しくなったものが、「ええ、一席申し上げます」という読み手の一言一句まで再現した丸本だ。講談師は稽古のとき、最初は点取で書いていく。点取とは、人名や地名、年号といった名詞は間違えてはいけないので、それらを記していくこと。そして名詞と名詞の間を書き足していき、丸本になる。貞水の自宅には速記本、そして丸本、点取本が本棚にぎっしりと埋まっている。その数、千冊に及ぶだろうか。今となっては、貞水のみならず講談界全体の貴重な財産である。

貞水は前座のころから、速記本を集めるために文字通り奔走した。キャバレーの司会などで稼いだお金を惜しげもなくつぎ込み、自らの知的財産とした。自転車の後ろにミカン箱を括り付け、古本屋を回った。お金が無いときには食事を抜いて買ったこともある。理由を問うと、貞水は事も無げに「いつかはこういう演目をどこかでやるかもしれないという思いがあったのと、どんなにつまらない講談であっても、速記本を一冊読むと、一行か二行は必ず高座で使えることが書いてあったからです」と話す。貞水が講談師になった昭和三十年代にはすでに速記本は人気がなく、古本屋でも売れないので燃やしてしまうこともあった。だから、貞水にとっては早く買い集めなくては、という切迫感があった。こうした地道な努力が、貞水の現在の幅広いレパートリーを支えているのである。「速記本は同じ演目でも口演する講談師が違えば、その中身が違う本が随分あります。そして、時代が異なれば、その時代を反映したものになっています。だから、いったん集め始めるとキリがないのです」と苦笑する。

いま、講談師が読んでいる演目の何百倍という数の演目が消えていった、という思いが貞水にはある。その消えた話の中に、きらりと光るダイヤモンドの原石があるかもしれない。だから、若手講談師には高座でやるやらないは別として、速記本を読み込んでほしいという思いがある。だが、その思いはなかなか通じない。「『義士伝』一つとっても四十七士それぞれにまつわる読み物があり、それを知ったうえで読むべきだと思うのです。『太閤記』はそれこそ何百席とあります。いまの講談師は『間違いの婚礼』や『長短槍試合』ばかりを読んでいます。その意味では、現在の演目は、僕が講釈場に入った時代に比べて物凄く幅が狭くなっています。数を知っている人がほんとうに少なくなりました」と貞水。客も一昔前ならば、貴賤を問わず、日本の大衆小説の原点とも言える『立川文庫』の講談に親しんできた人が多かったが、今はそうした客は絶無に等しい。娯楽の多様化が進んだ結果、現代社会に占める講談の存在感そのものが極めて小さなものになっているのだ。「これも時代の変化というものでしょうか」と語る貞水の表情は、どこか寂しげである。

二　講談のジャンルと貞水演目一覧

怪談もの

「四谷怪談」「真景累ヶ淵」「怪談牡丹燈籠」「江島屋怪談」「番町皿屋敷」「雪女」「小幡小平次」「累（かさね）」「鈴の音」「怪談墨田の夜嵐」「雨夜の裏田圃」「怪談佐賀の夜桜」など

ジャンル分けというのは実は非常に難しい。貞水いわく「怪談は世話物とも言えます。世話物ができないと、人物の語りわけができませんから。『四谷怪談』は究極の世話物と言えるでしょう。また、同じ演目でも演出によってジャンルは自在に変わります」。だが、この稿以降では、大雑把にジャンルを分けて紹介する。

貞水の怪談は、音響や照明などを釈台のスイッチで操作して最大限に効果を生かす「立体怪談」に特徴がある。一方で、怪談そのものの魅力、難しさを人一倍身に染みて知るのも貞水である。夏場になれば、いまも多くの講談師が、場内を暗くして照明や音響を使って怪談を披露するが、「怖がらせよう」という講談師の思いが先に立って客のほうが興ざめというのもよくみる光景である。貞水は、怪談の背景にある物語をしっかり浮かび上がらせようとするところに芸の真髄を見せる。「怪談は『皿屋敷』をはじめとして身分制度が色濃く出ている。そこを外すと怪談の真の怖さは分からない」と指摘する。

怪談を読む。釈台のスイッチで照明や音響を自在に操る

つまり、怪談、そして幽霊そのものが、江戸時代の庶民の作り出した想像力の産物である、ということである。「播州皿屋敷」では、殿様が意のままにならぬ腰元を、手討ちにする。「佐倉宗五郎」でも、宗五郎が農民を助けようとして直訴し、磔(はりつけ)獄門になる。腰元の家族、宗五郎の村の農民は悔しくて仕方がないが、身分の違いによってなんともしようがない。手も足も出ない。そこで想像力を働かせ、腰元の幽霊、宗五郎の幽霊を作り出し、殿様などを呪い殺す物語を紡ぎだす。それで鬱憤を晴らす。貞水の自宅近くの湯島天満宮も同じである。菅原道真の怨霊が自分を太宰府に左遷した藤原時平を死に至らしめる物語が生まれ、庶民感情がうまく昇華される。貞水は言う。「今の世でも怪談が廃れないのは、人間の姿は今も昔も変わらないからです。身分制度こそ無くなった

ものの、不合理な目に遭う人は引きも切らない。だから、幽霊というスーパーマンに恨みを晴らしてもらうことで気持ちが整理できるのです」。そして、怪談の中にある「世話物」の要素。貞水の得意とする「四谷怪談」では、浪人の田宮伊右衛門が女房のお岩と暮らしているが、裕福な武士の娘が伊右衛門に惚れる。娘の父親は娘のために伊右衛門夫婦の仲を裂こうとするし、助力しようという小悪党も出てくる。「今の社会も同じでしょう。いい思いをしたいという人間の業。だから、四谷怪談を聴けば、うちの会社でも、うちの団地でも、そんな話はあるよな、と身につまされるわけです」。客の中には自分自身、小さな悪事を働いた者もいるだろう。「ああ悪いことしちゃったなあ、あんなこと言ったり、したりしなきゃよかったなあ、と思う人は必ずいるはず」。貞水の怪談の怖さは、そんな庶民のリアルが下敷きになっているから恐怖を呼び覚ますのだ。

怪談の名手、八代目林家正蔵が毎年冬になると、決まって貞水に尋ねた。「あんちゃん、来年の怪談はどうすんだい？　俺はもう今年でやめるよ」。そんなとき、貞水は「この師匠は死ぬまで怪談をやめないな」と思ったという。なぜなら、正蔵は「あんちゃん、年取ったからといって、なんにもやらないことは一番怖いことだよ」とよく言っていたからである。だから、貞水も「死ぬまで立体怪談をやめるつもりはありません」と言い切る。

赤穂義士伝

「本伝」「銘々伝」「外伝」（天野屋利兵衛、俵星玄蕃、梶川屏風廻しなど）

貞水にとって「赤穂義士本伝」「曾我物語」「伊達騒動」の連続もので講談の本丸である本牧亭でトリを取るのが、講談師としての大きな目標だった。本牧亭がなくなったことから、湯島天満宮での連続講談の会で「本伝」を読み切った。それ以前にも、平成十年に「本伝」を全十五巻のＣＤにして世に出している。本人いわく「後世に残せてよかった」ということだが、それだけ思い入れの深い演目と言えるだろう。一龍齋畑にとっても大事な演目だ。

貞水がよく話すのが、「四十七人が主君の仇を討つわけですが、それ以外の圧倒的多数の家臣は『そんな行動は今風ではない。もっと時代に合った生き方をする』という道を選んでいます。義士は当時の武士の中でも珍しい生き方をしたから、世の中の人が騒いだわけです」。昔も今も、大多数の人間は、ソロバン玉をはじいて得をする人生を選択する。だから、あえて社会常識とは異なる価値観で生きた義士たちに、多くの人間が心を寄せるのではないか、と語る。天野屋利兵衛をはじめ、こういう人たちにいてほしい、という江戸時代の庶民の願望を講談師がくみ取って義士伝ができあがったのだろう。貞水は師匠の貞丈（ていじょう）から「若いうちは読まないほうがいい。大石内蔵助を読むには、まだ人間ができていないから」と言われたことがあるという。年季を積み、いま、存分に義士伝を読める年齢となって、講談師としての幸せを感じている。

世話物

「紀伊国屋文左衛門」「左甚五郎」「お富与三郎」「塩原多助」「天保六花撰」「佐倉宗五郎」など

貞水は一番難しいのが世話物だと強調する。「ごくごくふつうの言葉で生きた人間を語り出さなくてはいけない。世話物がうまく読めるようになったら一人前」と話す。昔の本牧亭では、世話物が得意な先生は、着ているものでも唐桟柄の着物だったりして、楽屋入りするときから自分が主人公になり切ったような雰囲気を漂わせていたという。思い出に残るのが三代目桃川若燕。印籠を下げ、その上、煙草入れまで差して高座に上がるのだが、「塩原多助」などを読むときには前垂れ姿で出ていった。いまの講談界では見られない光景だろう。講談定席の本牧亭ならではの逸話と言えよう。

貞水が講談界に入った時分の楽屋では、世話物を読むとき、あまり身振りや手振りが多いと、「芝居をする」と言って嫌われた。また、女性の声でもあまり高い声を出したりせず、自然な声が喜ばれた。声も含めて芝居がかったことをすると、楽屋で「おでこ芝居じゃねえぞ」と叱られた。特に二代目神田松鯉は厳しく、芝居臭い講談を読む向きに対しては非常に辛口で、「だめだよ、臭いよ」と面と向かって言っていた。その点で、浪曲師出身の服部伸に対しては楽屋で評判の悪い時期があったという。浪曲では「七色の声」という表現があるが、服部はついその癖が出るので、楽屋で「ああ浪花節だよ、こりゃ。美人を臭くやるなんて」と散々くさしていた。松鯉はその点、全く声色を使わず、少年の声でも地声でやるので、貞春時代に師匠の貞丈に「この方はうまいのですか、それとも下手なのですか」と真顔で尋ねたところ、貞丈は「そのうち分かる」とだけ答えたという。そして実際、松鯉の声は地声であっても少年や女性に聴こえたというから、その至芸がうかがえようというものだ。

貞水は「要するに講談は演じるというより、本を読むというところに芸がある」と説明する。それが講談の原点であり、落語は話す、講談は読む、と言い分けるが、講談師は「講釈をする」と表現するぐらいであるから、講談師たるもの女々しい声を出すとはなにごとか、というプライドがあったに違いなかろう。

一昔前の講談師は、徳川時代からの歴史を受け継いで、「俺は天下のご記録読みだ」という誇りがあった。人数も多かったから、明治、大正時代ぐらいまでの大衆本では、演芸を紹介する順番は、講談、落語という序列だった。雑誌も『講談落語・文芸倶楽部』『講談落語・娯楽世界』という誌名であった。それが、昭和に入って名前は逆になったが、六代目一龍齋貞山(ていざん)のように、落語家をも含めた演芸の世界のトップは講談師が務めていた。戦後になっても、五代目貞丈が一時、落語協会会長に推されたものの、本人が固辞したという噂が立つぐらい、講談の権威は確立されていた。落語全盛のいまとなっては信じられぬ逸話だが、芸の上ではそのプライドを、講談師を名乗る以上、守り続けてほしいと願うのは筆者だけだろうか。

白浪もの

「鼠小僧」「あざみ小僧」「雲霧五人男」「鬼神のお松」「いかけ屋松五郎」「天明白浪伝」「緑林五漢録（みどりのはやしごかんろく）」「近江文治」「夜嵐お絹」など

講談の人気ジャンルと言えば、白浪ものだろう。一言で言えば泥棒の話だが、講談師が競って口演をしたがる演目群である。貞水が本牧亭に詰めていた前座時分も、一日の興行の中で必ず誰かが白浪ものを出していた。悪党の話というのはどこか痛快で、人を引き付けるサスペンスの要素も十分に詰まっているから、聴き手としても面白い。

貞水によると、白浪ものはよく高座にかかる割には難しい読み物だという。「ほかのジャンルでも同じでしょうが、講談師は泥棒や人殺しをしたことがない。そういう人間が、さも自分が経験したかのように心理描写を突き詰めて、微に入り細を穿って喋る。そして、このジャンルは講談師の人柄が自然とにじみ出てくる。武芸もの、金襖（きんぶすま）ものといったものはある程度、講談調の喋りで世界を作り出せますが、白浪ものは市井の演目ですから世話物にとても近く、それゆえレベルの高い読み物です」。貞水が自家薬籠中の物としている白浪ものは、楽屋で聴き覚えたものがほとんどだ。「緑林五漢録」も楽屋で三代目桃川若燕が口演しているのを聴いて必死に記憶したのは前述した通りだ。

もっともポピュラーな演目は「鼠小僧次郎吉」だろう。「『鼠小僧』が得なのは、彼の善悪どちらの面でもネタとして使えるところでしょう。だから、『蜆売り』は完全に世話講談としてやって構わないし、『松山花魁との馴れ初め』のような艶っぽいネタもあり、鼠小僧が悪党を手にかけて『ざまあみやがれ』という痛快な話もあります。だから、一番客受けがします」と貞水。もちろん、読み分けられるだけの腕があってのことである。

金襖もの（お家騒動）

「加賀騒動」「伊達騒動」「宇都宮釣天井」「仙石騒動」「田沼騒動」「黒田騒動」など

貞水は前座時分、「お家騒動は還暦を過ぎてからやるもの」と先輩方から釘を刺されていた。確かに若い講談師がお家騒動を読んでも様にならないというのはありそうだ。同じお家騒動でも、徳川将軍を吊り天井を落として殺そうという家督相続に絡んだ「宇都宮騒動」（釣天井）はスケールの小さい部類で、もっとも大きな読み物は「伊達騒動」だという。「伊達騒動」は歌舞伎でも「伽羅先代萩」が一座の立女形が主演する大きな演目として認識されており、スケール感を持った読み物として扱われている。

講談師も、小さな騒動から大騒動へと、徐々にステップアップしながら読み物の格を上げていく。

スケールの大きい分、現在の興行形態では連続ものができないため、お家騒動を高座にかける機会は極めて限られている。貞水が連続講談の会で大ネタの「田沼騒動」を読んだときには、その入り組んだ物語構造、それでいて起承転結が鮮やかなストーリー性、多種多様な登場人物の描写の深さを十二分に堪能できて、筆者としてはお家騒動の魅力の一端にようやく触れることができた思いがしたものだ。先述した「鉢の木」も「田沼騒動」の序開き、発端になる読み物なのである。

貞水が、お家騒動の魅力として挙げるのは、出てくる悪人は、元々はみな身分の低い人ばかりであるということだ。低い身分から一気に成り上がるから、なにかと企みが必要となる。大それたことを考えるようになる、というのが、お家騒動の一つのパターンである。「加賀騒動」でも悪人として出てくるのは、身分の低い男だ。その男が異例の出世をしてお家横領を企てる。有名な「亀甲(きっこう)縞(じま)」という話も、ほんとうは「藤堂日記」という長い読み物の読み出しで、足軽から出世した男が藤堂という大名家を乗っ取ろうとする大悪人となる。このように、悪人の心のひだを克明に描き出すのが得意な貞水にとって、魅力的な人物がたくさん出てくるのが、お家騒動の面白味なのである。

途中で、お家騒動の本筋から外れる脇筋もまた、このジャンルの魅力の一つである。「孝行鉄」という読み物があり、左官の鉄五郎が加賀の殿様の行列の前を横切るという話だが、これも指摘されなければ「加賀騒動」の中の一つとはなかなか分からないだろう。「天の投網」という話もよく出るが、これも「加賀騒動」の中の読み物の一つだ。お家騒動には、このように一つの読み物として独立した話も多いので、そういう「抜き読み」の形態で読む講談師は今後も絶えないだろうが、大ネタ中の大ネタである「伊達騒動」を通しで読むような講談師は、興行形態が大きく変わらない限り、容易に出ることはないだろう。貞水自身も「伊達騒動」を通して読んだことはないという。お家騒動がこれからも生きた講談の読み物として読み継がれていくかどうか、連続ものを読める定席のない時代にあって、難しい局面に差し掛かっているのは確かである。

侠客伝

「清水次郎長」「国定忠治」「天保水滸伝」「小桜仙太郎」「幡随院長兵衛」「花川戸助六」「野狐三次」「佐原喜三郎」など

講談の中でも主要な読み物が侠客伝だろう。「清水次郎長」や「国定忠治」などは、せっかく講談師になったからにはぜひ読みたいという向きがかつては多かったという。貞水が前座のころには、講談師なら侠客伝を知っていて当然、という常識が世間にあったし、読んでほしいという要望も多かったと振り返る。ただ、一流の座敷では、三尺もの、いわゆる侠客伝、やくざものは、どうしてもと要求されたとき以外はやらないという暗黙の約束があった。「三尺」とは脇差の寸法を指す。貞水は「檜舞台や座敷でやくざものの話をやる機会は極めて少なかった」と回顧する一方、どうしてもと懇望されたときは、「国定忠治」でも忠治の悪事などは口演せず、「山形屋藤蔵」のような、困っているお百姓さん親子を忠治が助ける話や、「馬方忠治」のように親孝行の話をするようにしていた。実際、師匠の貞丈や七代目貞山が俠客伝をやっているのを耳にしたことはないという。

身近なところでは、三代目桃川如燕（じょえん）から五代目神田伯山になった先生が、「天保水滸伝」の「平手造酒の駆け付け」を得意としていたのが印象に残ると話す。また、若手では六代目小金井芦州（ろしゅう）（一九二六～二〇〇三年）が五代目西尾麟慶（りんけい）だった時分に「次郎長」ばかりを読んでいた記憶が鮮明だという。後述するが、浪曲の人気もあって、本牧亭でこのジャンルはあまり掛かってはいなかったとも付け加える。「次郎長」や「水滸伝」は完全にやくざものだが、「幡随院長兵衛」になると男伊達の世界になる。地方ではもてはやされるネタではあっても、柳橋のお座敷などではできる話ではないので、どうしても地方営業用の読み物という色彩が強かった。それでも、格下の読み物というわけではなく、三代目神田伯山はこのジャンルで天下を取った実績があった。そのため、神田派のイメージが強かったことも、「貞の字畑」が遠慮した理由だった。

しかし、貞水も客から要望があれば、「どこをやりましょうか」と言って、リクエストに応えられるだけの演目の蓄積はあった。本人いわく、「次郎長伝の中でも『吉良の仁吉』はやくざものの中でも口演しやすいのですが、『お菊の離縁場』はおめでたい席では使えませんし、『森の石松』も面白いのですが、最後に殺されてしまうので口演する箇所は限られます」とのことだ。前座時代にはリクエスト自体が極めて少なく、「若いから、啖呵を切っても次郎長親分には見えませんし、忠治にもなりきれない。客もそのあたりは分かっていたので、僕には求めなかったのだと思います」と回顧する。その後もあまり手掛けなかったのは、自分で口演してみて「ああ、この読み物は向いていないいな」と自覚したからだ。でも、自分には合っていないと思っても、一通りは習って高座にかけ、客の反応を見てみるのは大切なことだと力説する。「どんどん挑戦することが大事だと思っていましたから、僕も冒険してやってみたのです。いまの若い講談師には、こうした冒険心が足りないような気がします」と語る。

次郎長や国定忠治というと、一世を風靡した広沢虎造(一八九九〜一九六四年)の浪曲のイメージが強いが、虎造が講談師にこれらのレパートリーを習ったのは楽屋では有名な話だった。また、虎造の出現以前にも講談師によってこの種の物語がラジオや講談本で広まっていたからこそ、虎造の爆発的な人気が生まれる素地になっていた。東海林太郎(しょうじ)の「赤城の子守唄」や「名月赤城山」といったヒット曲も、講談の侠客伝が下敷きになっているのは間違いない。だが、虎造の人気がラジオに乗って全国的に高まる中で、講談の侠客伝が浪曲に押されてしまったのも事実である。貞水もかつての本牧亭の楽屋の雰囲気を振り返って、「虎造があまりにも売れてしまったがために、元祖の講談のほうが侠客伝を自然と避けるようになった程でした。それほど、虎造人気の衝撃は大きかったのです」と証言する。講談の演目にも時代の趨勢によって栄枯盛衰がある証左だろう。

政談

「徳川天一坊」「村井長庵」「大島屋騒動」「五貫裁き」「煙火屋喜八」「越後伝吉」「小間物屋政談」「大岡政談」など

字面では政治にまつわる読み物のように見えるが、実際には世話物のような人情味あふれる話が多い。貞水は前座のごく早い時期にこのジャンルを仕込まれた。師匠の貞丈に「権三と助十」という駕籠屋の政談を最初に教わったのが印象に残るという。貞丈が「これは芝居の話だから苦情がくるぞ」と言っていたのは、岡本綺堂が同名の歌舞伎芝居を書いたからだが、貞水がその後、よく調べると、芝居よりずっと前から講談の速記本にこの読み物はあったと語る。政談は早くから教えを受けていたが、理由はだれが口演しても技量にあまり左右されず、それなりに面白いからではないか、と貞水は推察している。「その証拠に、テレビの時代劇はみな政談です。講談を元にしたドラマは多いと思います」

本牧亭でも政談はよく掛かった。若手が口演することが多かったという。客の人気もあり、貞水の先輩である六代目神田伯龍（一九二六～二〇〇六年）、六代目小金井芦州らが、政談を手掛けた。一龍齋貞鳳もまたテレビドラマ収録の合間に高座で政談を手掛けた。「庶民が溜飲を下げるような話が多かったから、聴き手も気持ちが良かったのでしょう」と貞水。いまも巷の講談の会ではおなじみのジャンルである。

力士伝

「寛政力士伝」（谷風、雷電、小野川、越乃海）**「桂川力蔵」**（千両幟）**「め組の喧嘩」「栃錦若乃花」など**

力士伝は江戸時代のスポーツの王様だった相撲をテーマにしていたから、相当受けたのではないかと想像される。本牧亭でもポピュラーなジャンルで、師匠の貞丈が幾度も口演していたのを貞水も聴いている。職人や鳶の頭などが多かった講釈場の客層そのものが、相撲や火消しの読み物を好んだ側面もあったという。貞水の弟子の貞友も「越乃海」を頻繁に高座に掛けている。

「め組の喧嘩」は歌舞伎でも上演されるもので、物語そのものよりも大人数の登場人物がワイワイガヤガヤやっている様子が好まれるタイプの演目だ。講談の「め組の喧嘩」もリズムよく、威勢もあって、客を飽きさせない魅力がある。貞水は冗談めかして苦心談を明かす。「相撲取りの話の難しさというのは、あのかすれたような力士独特の声の使い分けなのです。本職の力士は『あんな喋り方はしないよ』と言いますが。こちらは相撲取りが五人も出てきたら、もう分けては喋れません」と言って笑う。

軍談（修羅場）

「真田三代記」（大坂合戦）「関ヶ原の合戦」「小牧山軍記」「長篠の合戦」「姉川の合戦」
「三方ヶ原軍記」「川中島の合戦」「賤ヶ岳の合戦」など

講談師はその道に入るとまず合戦の様子を描写した軍談、いわゆる修羅場（ヒラバとも）を学ぶ。徳川家康と武田信玄がぶつかり合った「三方ヶ原軍記」をだれもが丸暗記して、発声や呼吸法、間の取り方や張り扇の叩き方など、講談のもっとも基本となるものを体に刷り込み、覚えこませる。この段階で講談師の語りの調子、声をみっちり作らないと、次へは進めない。貞水は後進に対して、「遠回りと思っても修羅場に時間をかけて取り組むのが大切。それでこそ、講談師としての土台が築かれる」と口を酸っぱくして教えている。「軍談は、それ自体で客を取れる読み物ではない」というのも貞水がよく口にする言葉だ。要するに、講談師としての身分証明書のようなもので、同じ演芸の世界でも落語家には容易に真似のできない芸と言える。

そして、若手の基礎科目であるだけではなく、経験を重ねても、講談師が常に立ち返る読み物である。講談としてのエッセンスが詰まっているからだ。貞水は連続講談の会で興が乗って軍談を読み、その流暢なる読み口で客や筆者を文字通り、陶然とさせたことがある。「十六歳のときのように息は続きませんが」と笑うが、若手が顔色を失うほどの迫力に満ちていた。貞水は前座時代、老大家の面々が高座に上がるだけで息も絶え絶えなのにもかかわらず、修羅場を読ませると、滔々と読み進める姿に驚愕した経験がある。そのときから、「講談師としての芸の原点」という考えは揺らがない。自身、外国公演で修羅場を読んだとき、言葉は分からずとも現地の観客から大きな拍手を浴びたことから、国の違いを越えて理解されると得心した。修羅場を読んでいると、いつも講談師と客が同じ空間で一体化したような感覚になる、とも話す。

前座の時分、トリの真打が、ある話を一席みっちりと読んだ後で、修羅場を読み始めたことがあった。わざと力を抜いて読み進めるから、少しずつ客が帰り始める。そのとき、貞水は、この修羅場の意味を知った。「一度に客が帰ると、下足番が大変ですから、下足を間違えないために、客がぽつりぽつりと帰るよう、うまく修羅場を読んでいたのです。それだけの芸を持っていないと、真を打つ資格はない、と先輩は言っていました。大変な芸の力だったと思います」と振り返る。修羅場と一口で言っても、前座からトリの真打まで、様々な使い道がある。貞水いわく「客にじっくり聴かせる修羅場と、講談師自らが修業する修羅場の二通りがある」のだそうだ。

信仰記

「日蓮記」「一休」「祐天記」など

信仰記は本牧亭でもたまに掛かっていたという。常連に年寄りが多かったからではないか、というのが貞水の推測だ。ただ、自分の家の宗旨は決まっているので、よその宗旨の話を聴いてもつまらない。このジャンルの主目的は、講談師の営業用なのだ。寺の施餓鬼(せがき)や法要をはじめ、様々な行事に呼ばれることがある。そんなときに呼ばれた講談師が宗旨に合わせた信仰記を読むのだという。そうした営業事情は、現代の講談師でも変わらないだろう。

武芸もの

「宮本武蔵」「荒木又右衛門」「塚原卜伝」「柳生三代記」「笹野名槍伝」「寛永三馬術」「渋川伴五郎」「三家三勇士」「木村長門守」など

武芸ものが軍談につづいて前座が取り組むべきジャンルであることは先に触れた。と言って軽いものではなく、ラジオで全国的な人気者となった二代目大島伯鶴（はっかく）（一八七九～一九四六年）などは本来、前座が読むべき武芸ものの「寛永三馬術」や「笹野権三郎」で多くの客を取ったことで知られる。この読み物は、前座にとって、多彩な登場人物を描写する訓練になる。貞水も貞春時分、随分と武芸ものを口演した。一龍斎の芸である「荒木又右衛門」や、木偶坊伯鱗（でくのぼうはくりん）に教わった「田宮坊太郎」が、代表的な演目だ。貞水は「武芸ものを一通りやると、勉強になる。殿様から足軽まで様々な身分の人物をやるから、幅広く習得できる。老若男女いくらでも出てくるので、人物の演じ分けの鍛錬に役立った」と振り返る。貞水の考えでは、「伊達騒動」の原田甲斐や伊達兵部にしても武家であり、最後は武芸ものに行き着く。だから、前座のうちからそのつもりで修業に励むべきだというのである。そして、前座が武芸ものを読んでいる間に、楽屋の先輩たちが今後取り組んでいく話のジャンルの向き不向きを判断し、示唆してくれる。その意味でも大切なジャンルである。「田宮坊太郎」を手掛けたのは、将来「曾我物語」をやることを考えたら、若いうちに「田宮」をやっておくべきだ、という伯鱗の助言があったからだ。「田宮」は主人公が子供で、十五、六歳ぐらいまでの話だが、話の筋が「曾我物語」とそっくり。伯鱗は貞水に「お前はいずれ曾我をやるのだから、田宮をきちんと覚えておけ。親が討たれて仇を取る読み物だが、仇と対面するとか、おっかさんと再会するとか、挙句の果てにぴったり十八年目に仇を討つなど、瓜二つだから」と言って教え込んだ。貞水はほかにも「笹野名槍伝」や、「荒木又右衛門」の「伊賀の水月」などを手掛けている。

一昔前の時代劇映画の多くは、みな講談の武芸ものを下敷きにしていた、と貞水は指摘する。映画の初期、あるいは時代劇全盛期を担った映画人は、講談を聴き、速記本を読んで講談に日常的に親しんでいた世代だから、自然とそうなったのだろう。貞水は「映画のほうがメジャーになり過ぎて、お客から講談の読み物が間違っていると指摘されるようになりました。その意味では、正しい武芸ものを後世に伝えていく責任を感じています」と語る。正統の講談を、古格を守りつつ読むことにプライドを持つ貞水にとって、いかに後の世代に正確に伝承していくか。責任感が人一倍強いだけに、悩みの種は尽きないのである。

文芸・新作もの

「仇討兄弟鑑」「入れ札」「西鶴置土産」「大津事件」「彰義隊」「松井須磨子」「水戸天狗党」「仇討禁止令」「浅草巷記」「関東大震災」「マリア・ルーズ号の裁判」「明治天皇と西郷」「島に沈んだ海賊」「羅生門」「甦った三傑」「ニュース講談」「講談ドキュメンタリー」など

これらの新作の中で、「仇討兄弟鑑」はいまも口演している。本牧亭の楽屋に大衆作家の長谷川伸が姿を見せることがあり、「新作を作るのは勉強になるよ」と助言してくれ、かつては「実説瞼の母」もレパートリーに入っていた。貞水にとってもっとも印象に残る新作と言えば、貞春時代、北條秀司(ひでじ)原作の「王将」を講談にしたことだろう。「若いというのは一種の特権で、二十代の怖いもの知らずの時期の作品です」と話す。歌謡入りの講談で「王将」をやろうと思い立った貞水は、まず松竹に足を運んで「通天閣の映像を貸してください」と頼み込み、本牧亭の高座の後ろに通天閣を映し出す準備を整えた。そして、鎌倉の北條邸に赴き、作家本人に直談判。当時の北條秀司は『北條天皇』と称されるほどの大立者だったが、臆せず頼み込んだ。そして、「お前がだれだか知らないので、やっていいともいけないとも言えない」という北條に対して貞春が上演を懇願したところ、「とりあえずやってみろ。それで決める」という答えをもらい、本牧亭まで足を運んでもらった。取り巻きとともに乗り込んだ原作者を目の前にして、必死に口演したところ、北條は「お前の大阪弁は滅茶苦茶だが、坂田三吉の気持ちはよく出ている。三部作を全部やってよろしい」という許可が下りた。映像付きの「王将」は大評判になり、観客を本牧亭に呼び込んだという。

いま、貞水が振り返る。「若い講談師相手に、あの名作をよくやらせてくれたと思います。北條先生は『坂田三吉の天王寺の裏通りの大阪弁というのは、東京で言うと佃島の東京弁のようなものだ。独特の言葉だから、よく覚えておけ』と親切にアドバイスまでしてくれました」。貞水の行動力は、当時の若手の中でも群を抜いており、アイデアマンとしても優れたセンスを発揮していたことが、このエピソードからもうかがえる。

師匠の貞丈自身は月に一回、本牧亭で新作発表会を開いており、多くの熱狂的なファンを持っていた。「貞丈新作発表会」と銘打ち、エミール・ゾラの「テレーズ・ラカン」を映画化した「嘆きのテレーズ」（昭和二十九年、本邦公開）や五島慶太や横井英樹らによる江戸伝来の老舗「白木屋乗っ取り事件」などを口演していた。「ほかの大家の先生方に比べ、師匠は先進的だったのではないでしょうか」と貞水。貞丈は弟子の成功を喜びながらも「新作をやりたいのなら、なおさら古典をしっかり学んでおけ」と釘を刺す一方、「ちゃんとした講談ができているのなら、新作をやるのは一向に構わない」と後押ししてくれた。貞水は環境に恵まれていたと言えるだろう。貞水を講談の世界に誘った邑井貞吉（むらいていきち）も明治時代を舞台にした新作講談で大いに売り出した経緯もあり、周囲の理解もあって、貞水は次々と新作を生み出していく。

民謡講談

「小諸馬子唄」「さんさ時雨」「秋田おばこ」「ひえつき節」など

これらは貞水の新作群である。前座時代、「ウエスト・サイド物語」（昭和三十六年、本邦公開）に代表されるように、世はミュージカル・ブームだった。「女性を中心に、多くの若者がミュージカルに夢中になっていた時代でした」。また、赤線の廃止（昭和三十三年）に伴い、吉原の昔は女郎屋だったところが、軒並み民謡酒場に衣替えしており、世は民謡ブームでもあった。貞春はそれらをヒントにして、本牧亭の石井英子（ひでこ）に「民謡講談をミュージカルでやりたい。少しお金を援助してください」と頼み、資金を融通してもらった。貞水は当時を振り返り、「民謡ができるまでのストーリー、民謡にまつわる土地で人々が苦しめられた物語などを、歌あり、映像あり、講談ありで表現したかったのです」と回顧する。「講談ミュージカル」の誕生であった。

おかみに借りた資金を持って漫才師の松鶴家（しょかくや）千代若・千代菊に頼み、民謡の稽古をつけてもらった。そして、おかみに布団の敷布を二枚、縫い合わせてもらい、それを本牧亭の高座の後ろに幕として張って、後ろから幻灯機で会津磐梯山などの民謡の舞台の写真を映し出す趣向を凝らした。まずは民謡にまつわる土地の話や誕生譚などの講談を読み、次いで千代若・千代菊の三味線を伴奏に民謡を歌うという「民謡講談」を披露した。この新趣向は本牧亭の客の度肝を抜き、評判を取ることになった。そして、記述の順序は逆になったが、講談を様々な演出で見せるということのときの経験をもとにキャバレーで立体怪談を始めることになる。いまは全くやらないが、若くエネルギーに満ちていた時代の貞水を知るうえで、「民謡講談」はエポック・メイキングな出来事と言えよう。

芸道もの

「釈台太平記」（釈界銘々伝十五席）**「三遊亭圓朝伝」「名医と名優」「団蔵と多見之助」「紅緒の草履」など**

「釈台太平記」は、江戸時代から明治時代にかけて活躍した講談師、先人たちの芸道に邁進する姿を描く読み物である。師匠の貞丈のところに大体の原本はあったが、きちんと作り直したのは貞水である。野村無名庵（一八八八〜一九四五年）が書いた『本朝話人伝』、白浪もので天下を取った二代目松林伯圓（一八三四〜一九〇五年）の楽屋話の本などを下敷きにして、全十五席の連続ものの講談に仕立てた。辻講釈を経て講釈場ができるところから始まり、講談を現在の形態にするにあたって江戸時代中期に重要な役割を果たした森川馬谷の話から、石川一夢、二代目松林伯圓、桃林亭東玉、初代神田伯龍などの話が続く。自作であるところがこの作品の大事なところで、貞水が講談の故事来歴に詳しいのもうかがわれる。また、「圓朝伝」は、近代落語の祖とされる噺家の一代記で、落語家であればだれもが憧れる存在である三遊亭圓朝を描き出したものであり、芸人として、貞水の中にも圓朝に憧れる気持ちはあった。だから、圓朝の怪談噺をもとにした講談も口演する。正岡容の圓朝を描いた小説を講談仕立てにしたものであり、同じ話芸を生業にする者としての共感を表している。

「名医と名優」はその後、映画でも有名になった名作。失明しかかった三世中村歌右衛門と医師土生玄磧との交流を描いた小国英雄原作の「男の花道」（昭和十六年、長谷川一夫・古川ロッパ）の別名である。タイトルを巡って著作権をうるさく言う人が出てきたので、内容は同じだが、題名だけ変えた読み物だという。これは師匠の貞丈が得意としていた読み物で、本牧亭でもよく掛かっていたという。貞水は「講談に歌舞伎役者の出てくる読み物は多いのです。やはり役者の苦心談というのは、どこか講談師にも同じ芸道を歩む者として共感できるところがある。だから、よく口演していたのでしょう」と話す。

講談と歌舞伎との距離は近い。藤田洋の『おもしろ講談ばなし』（ＮＨＫ出版）によると、「勧進帳」の山伏問答は、講談から移したものだという。孫引きになるが、伊原青々園の「能の『安宅』と歌舞伎の『勧進帳』」には、「その問答の白廻しゆえ呼吸には講釈師が張扇を叩いて立てつけに口演する調子がそのまま残っている。団十郎は講釈場でこの一段が当時の聴衆に悦ばれるのを知り、かつは能の最後の祈りから勧進帳の読物では其頃の見物が満足しないと思ってこれを押さえたのであろう」と記している。「天保六花撰」もまた、講談が歌舞伎に移された例である。「河内山宗俊」などは人気演目として上演頻度は高い。「いまの若い歌舞伎俳優は講談がもとになっているとは知らないかもしれません」と貞水。逆に、歌舞伎の演目を講談として口演した例は、速記本などに数多く残っているという。「歌舞伎で当たった演目があっても、当時の庶民はなかなか芝居小屋で見られないのが実情でした。講談の中に、『うちの娘も月に一度ぐらいは芝居見物に行けるようなところに嫁にやりたいね』というせりふがありますが、代わりに講談でその芝居の読み物を聴くということはあったでしょう」。芸道ものは、その見地からも聴衆に喜ばれたジャンルの一つだったに違いない。

その他

「曾我物語」「鉢の木問答」「春日局」「兜奇談」「水戸黄門記」「藤堂高虎」「山内一豊」「酒井の太鼓」「善悪二葉の松」「馬場の大盃」「浅妻船」「長曾根虎徹」「村正改心録」「細川茶碗屋敷」「新門辰五郎」「仙石鬼夫婦」「名月若松城」「参方目出鯛」「柳田格之進」「昆寛の小柄」「蛇の目坊主」「徂徠(そらい)豆腐(どうふ)」など

これまで様々な演目について紹介してきたが、貞水が強調するのは、松尾芭蕉の言う「不易と流行」である。変わらぬものと変わるべきもの。「鉢の木」は前述の通り、木偶坊伯鱗が「一字一句変えるな」と貞水に約束させたうえで伝えた。講談の古格を守る正統派の読み物である。こうした古典の継承は、伝統話芸にとってなにより重要で、芸の根幹にかかわってくる大事な要素である。

この思想なくして芸とは言えず、日本の芸の伝統という見地からしても、譲れない一線だ。新作落語を売り物とする落語芸術協会会長の春風亭昇太も、古典を演じさせれば、一級品の高座を展開するのがその証左だろう。

一方で貞水自身、古典をきちんと身につけたうえで、新作を数多く手掛けているように、時の流れの変化を取り込んでいく柔軟性も求められている。「限られた演目を十年一日のごとく読んでいるようでは、いずれ客に飽きられて、離れていってしまうだろう」という〝絶滅危惧種〟になってしまう。だからと言って、流行に迎合するばかりでは本末転倒だろう。貞水は絶妙な平衡感覚でこれまでバランスを失うことなく歩みを進め、人間国宝にまで上り詰めた。芸の魅力も難しさもすべて呑み込み、八十歳を迎えた今でも講談界の第一線で活躍できる裏には、血の滲むような苦心があるに違いない。筆者には冗談ばかり飛ばし、苦心の一端も見せようとはしないが、十五歳からの芸の蓄積は何物にも代えがたい貴重な宝である。後進がこの宝をきちんと受け継いでいるかと言えば、不安を抱かざるを得ない。筆者がせめてできることは、その一席、一席を大事に聴き続け、後世に六代目一龍齋貞水という稀有な講談師がいた、ということを伝えるばかりである。

三　忘れえぬ先人たち——貞水に聞く

五代目一龍齋貞丈（一九〇六～一九六八年）

大正十四年、四代目昇龍齋貞丈に入門、貞一を名乗る。昭和五年、真打昇進。昭和七年、五代目一龍齋貞丈を襲名。芸域は幅広く、一龍齋のお家芸「赤穂義士伝」のほか、新作発表会も数多く行う。四十年、講談組合頭取になるが、三年後に急逝。

貞水の師匠であり、第二の父親ともいえる存在であった。講談という芸に対する姿勢は真摯で、貞水がまだ少年時分に、湯島天満宮のお祭りで酒を飲んでお神輿を担いで声が枯れて出なくなると叱りつけ、「自分の仕事が疎かになるようなことは絶対にだめだ」と、そういう点は厳しく接した。だが、自分の芸に対しても厳しい師匠の姿勢をそばで見ているので説得力があり、弟子としては常に尊敬の心持ちを抱き続けていた。講談組合頭取になるぐらいだから、仲間の人望は厚く、人付き合いの仕方や日常の挙措に至るまで貞水は貪欲に吸収した。講談師としての心技体を作り上げてくれた恩人として、貞丈を語るときの貞水は、「全然稽古をつけてくれなかった」などと語るが、それもまた「自分自身で学べ」という師匠の教えであることを十二分に承知している。

一般的に芸の師匠は弟子に対してある型を伝えようとするが、貞丈は弟子それぞれの性格や感受性までを考慮したうえで、全く違う型の弟子たちを育て上げた。一龍齋貞鳳、息子の六代目一龍齋貞丈、そして貞水。常連の客が「同じ師匠の弟子とは思えない。三人ともまるで違う。喋り方から芸風まで違う師匠についたようだ。どういうわけなのか？」と、尋ねたこともあった。理由は、貞丈の一種の放任主義からきている。貞丈は「芸は伝えるものだ。だから、俺はお前に伝えようとして、かばんを持たせて本牧亭の楽屋に行き、座敷の仕事場にも連れていって、お金を払って聴いてくださる人の前で具合が悪くても一生懸命にやっている。あとは、それを見たお前がどうとるかだ」と語ったことがあるという。それは口移しの手取り足取りの稽古よりも、はるかに厳しさを伴う芸の伝承と言えるだろう。常に弟子が試されているのだ。そして、弟子がそれぞれ自己を律し、自分なりの解釈で貞丈の芸を吸収したので、三人の弟子の芸は全く毛色の違うものとなった。

それでも、弟子としては師匠から直接教わりたいものだ。貞水も師匠の家に行って稽古をお願いした。貞丈は言った。話の筋だけは教える。そこでお前が登場人物をはっきりと描き出せるようになれば、その人物たちは自然と喜怒哀楽を表すようになる。だから、その人物は何を考え、どういう生い立ちなのか、年はいくつなのか、そういったことが、お前の頭の中でデッサンできているかどうかが大事だ。声を出して喋る以前に、話の中の人間のことをよく考えなくてはいけない。そうじゃなかったら、どんなに稽古をしても無駄だ。貞丈の稽古の根本には、こういった考えがあり、「芸のできる了見を持った人間に早くなれ」と発破をかけられていたという。弟子の自律的な成長を促すレベルの高い稽古と言えよう。だから、貞水が前座仕事に追われてなかなか話を覚える時間がなく、ライバルであった後の六代目宝井馬琴、前座時分は琴調(きんちょう)が、五代目馬琴から懇切丁寧に教わってどんどんリードを広げていく姿を間近で見ていても、貞丈は「いいんだよ。向こうは向こう、お前はお前。一番肝心なのは、お前の了見だから」と意に介さなかったという。

前座の頃は、貞水は木偶坊伯鱗や桃川燕雄といった老講談師に話の多くを教わった。彼らは確かに昔からの正統の講談の宝庫であった。だが、時勢に取り残されているのも事実だった。だから、ある人が「この子はかわいそうだ。老人の変な癖がついてしまって」と嘆くこともあったが、こうした声に対しても貞丈は「お前が講釈はこういうものだ、というのが分かってくれば、自然と直ってくる」と平然としたものだった。

アドバイスをしてくれることもあった。貞水が「笹野権三郎」を高座で得意になって口演していたら、貞丈は「いつまでそんな話をしているのだ。いまのお前なら、もっと違う話ができるだろう。捨てろ。後に続く奴がやるのだから」と叱ったという。常にレベルアップを目指す姿勢を忘れるな、という師匠の教えとして胸に刻んでいる叱咤であり、伝統話芸の次世代への伝承という意味を考える上で、腑に落ちるものがあったという。

貞水は先に見たように、読み物の幅が非常に広い。オールラウンド・プレーヤーと言っても過言ではないだろう。これも師匠の教えである。「講談という話芸はデパート、百貨店であって、専門店ではない。私は滑稽味の多い話しか読めません、というのは講談師とは呼べない」と言ったことがあった。貞丈はその教えを率先して実践するかのように、硬軟取り混ぜて様々なジャンルの話を縦横無尽に口演した。新作の発表会を月に一回、本牧亭で開くほど意欲的であり、できないジャンルはない、というほどの実力者だった。古典にもその腕は遺憾なく発揮され、貞丈の義士伝の「南部坂雪の別れ」に対して、貞水は今もって「到底、かなわないな」という、尊敬の念を抱き続ける。「円熟を極め、完成度はピカイチ。聴き惚れるような高座でした」と振り返る。

前座のころは、楽屋で師匠の高座を必死に聴いた。姿は見えず、声だけだが、その素晴らしさだけは十分に伝わってきた。だが、自分の技量の不足も思い知らされ、絶望することもあった。そんな弟子に貞丈は「ちゃんと修業していれば、十年でトリを取れる」と励ました。そして実際、貞水はほぼその通りに真打に昇進。師匠の教えが間違いではなかったことを知り、ますます崇敬の念を抱いた。

先に述べたように、人間としてのスケールが大きかったから、芸以外のことでも教えられることは多かった。吸っているたばこの銘柄を聞かれ、兄弟子の貞鳳よりも安いことを知った貞丈は「お前な、たばこでも酒でも遊びでもそうだけれど、良いものから覚えなさい。屋台の酒でも銀座の酒でも酔えるのだ。でも、屋台の酒で酔って、酒というものはこういうものだと思ってはいけない。だから、たばこでもいいものにしなさい」と諭した。貞水が今もって品格を第一に考え、野暮を徹底的に嫌うのも、そのような師匠の教えがあったからだ。

「僕は貞丈の弟子になって運が良かった」と貞水はしみじみ語る。子供のような十五歳で弟子になり、真打として一人前になるまで、人間的な付き合いを含めて講談師としてのあり方すべてを師匠から学び取ることができたからだ。人間の大きさがそのままにじみ出たようなスケールの大きな貞丈の高座の姿。それは没後、五十年を経た今でも忘れることができない。瞼を閉じると、その姿が自然と浮かび上がってくるという。

二代目神田松鯉（しょうり）（一八八五〜一九六七年）

父は二代目神田伯山（初代松鯉）で、悦山から小伯山、父の死後に二代目松鯉を襲名。飄々とした芸風で独自の地位を築く。瀬戸内寂聴（晴美）の小説『花野』のモデル。

「年を取ったらああいう爺さんになりたい」と周囲に言われていたほど、粋な人物だった。遊びの年季が違う。若いころに「肺結核で三十歳までしか生きられない」と医者に言われ、講談の勉強を放擲して遊びの道に熱中。父親が高座に上がっている間に父の常用の人力車を売り飛ばし、女郎買いに、ばくちに明け暮れるような若き日々を送った。だが、やがてそれらが芸の肥やしとなり、高座に独特の味わいを残す貴重な講談師としての地位を確立する。「破れた傘はさせそうでさせぬ」「こんな頼りにならない奴はいない。早い話が食パンにミシンをかけたみてえな奴」といったような、とぼけたことを高座で顔色一つ変えずに言い放って、客の笑いを誘う。それでも、芸の年季は違った。「家に行っても、本なんか一冊もありませんでした」と貞水は回顧するが、貞水の講談師人生において、『太閤記』を最初から最後まで全部読んだのは、松鯉だけだった。「ふつうは、面白いところだけ読む『太閤記』ですが、ダレ場も含めてすべて読んだのは、あの先生だけです」。「お富与三郎」や「加賀騒動」も読み通した。「昔の人でしたから、本がなければ読めないということが、なかったのだと思います」

邑井貞吉とは初高座の時期が近く、仲が良かった。楽屋で前座時代の思い出を二人でよく話していたという。「本郷の岩本亭でえっちゃん(松鯉の本名)がはねてから汁粉を食ったらうまかったね。あれは五厘だったかね、五銭だったかね」「そんなことはどうだって構わねえじゃねえか」というような他愛もない話をして、そのあとに貞吉が高座に上がって「最近は娑婆の講釈場より冥土の講釈場のほうが名人上手の顔がそろっています。典山(てんざん)もいる、六代目貞山もいる、三代目の伯山もいる……そろそろ冥土へ貞吉と松鯉を呼ぼうじゃねえかって話が出ています」と言うと、松鯉が高座の後ろの戸をがらりと開けて、「冗談言っちゃいけねえ」と大きな声で言い放つ。貞水は、「七十五歳を過ぎたじじい同士がそんなことをやっている。芸人というのは、いくつになっても苦労を重ねた修業時代が同じというのは仲が良いものだな、と微笑ましく思いました」と振り返る。松鯉や貞吉と言えば、貞水が思い出すのが客席の常連とのやり取りだ。よく客席に向かって、「夕べ、地震がありましたけれども、旦那、どうしていました?」などと親しげに語りかけていた。演者と客席との距離が近かった時代の名残なのである。そうした心温まる光景も、貞水は懐かしく思い出すことがある。今では遠い過去となった古き良き時代の講釈場の雰囲気をごく自然に醸し出していた。

不思議な芸の持ち主でもあった。剣術講釈と称して、高座で「ヤッ」「トオッ」などと言いながら話を読み進める。そして、修羅場を読ませると、これが実に名人。真打で年を取るとこういう修羅場の読み方があるのか、と若き日の貞水を感心させる読み口だった。若手はありったけの声を張り上げて読むが、松鯉はうるさくない。それでいて音吐朗々たる修羅場で、常連の客の耳を引き付けていたという。

松鯉が貞水によく言っていたのが、声色を使うんじゃない、という教えだった。前述の「おでこ芝居じゃないのだから」と言っていたのは、この松鯉だ。「芝居がかった講釈はやるものではない。ふつうの声で女に聴こえたり、男に聴こえたり、自在でなければならない」というのが持論。貞水が松鯉の「お富与三郎」を聴くと、地声にもかかわらず、お富と与三郎をきちんと読み分けていたという。また、松鯉は貞水に「お前は若いのだから、若い奴にしかできない喋り方をしなさい。年寄りの真似をすることはない」と言った。理由はこうだ。「いつかは大きな声を出したくても寄る年波で出なくなってしまう。若いというのは特権なのだから、大きな声で元気よくやりなさい」というのだ。貞水はその教えを忠実に守り、それからしばらくはやりたい読み物を封印して、若いうちにやっておいたほうがいい修羅場や軍談をみっちりやるように努めた。その意味で、若き日の貞水の基礎を固めてくれた恩人の一人と言えるだろう。

桃川燕雄（一八八八～一九六四年）

明治三十六年に桃川実に入門、燕雄を名乗る。伝統を受け継ぎ、正統派の講談師として後進に多くの演目を伝える。晩年に至り、安藤鶴夫の直木賞受賞作『巷談本牧亭』のモデルとして一躍脚光を浴びた。

桃川燕雄や木偶坊伯鱗といった老講談師は、自身が世に華々しく出ていくことや名利には頓着せず、ただひたすらに講談一筋、自ら培った講談の芸をだれかに伝え、後世に残しておきたいという思いが強かった。貞水にとって、こうした老講談師から数々の読み物を授けられたことは人生の方向を決定づけ、「俗っぽいほこりにまみれることなく、芸を後進に伝えよ」という教えにつながったという点で、大きな財産だった。

燕雄は本牧亭の楽屋に最初から最後まで居座っている、というのが、貞水には忘れられない印象だ。なぜ楽屋にいるのかと言えば、本牧亭のほかに行くところがないからである。起床して朝風呂に入ると、あとは何もすることがない。そのため自分の出番がありさえすれば、前座が楽屋入りする前から本牧亭に来ているというわけだ。そして出番を終えても帰らず、楽屋の決まった位置に座り続け、寄席がはねるまでいる。礼儀作法にはうるさく、七代目一龍齋貞山は燕雄を苦手にしていた。貞水に楽屋の階段を上がりながら「燕雄はいる？　いやだなあ」とぼやくことがしばしばだった。貞山が前座時分、羽織をまたいだことを燕雄にとがめられ、ひどく怒鳴られた。それが大看板になっても、貞山のトラウマだったのである。

燕雄は、トリの前に高座に上がる講談師だった。いわゆる「中座（なかざ）読み」である。中座読みにはトリの上がる時間を考え、自分の話を伸縮する腕が必要であり、トリが突発時で休演したときには、トリの連続もののつなぎの役割も果たした。有竹修二は『講談・伝統の話芸』の中で、燕雄を評して、「突如として死去したが、この人がいますこし、長生きしておれば、もっともいい中座読みとなったろう。〔中略〕本格的の講釈師だった」と記している。

なにか客受けをすることを言って場内を沸かせたいと思うのがふつうの講談師だが、燕雄は違った。トリのことを第一に考えて、時間がなければ、すぐに高座を下りることもあった。そんな姿を見て、貞水は「自分が第一線に出ようという望みが全くない人なのだな」と思ったという。でも、貞水が稽古を依頼すると常に快諾してくれ、自分が培った芸をすべて伝えようと努めてくれた。その意味では、貞水は可愛がってもらったと思っている。貞水の前に燕雄が高座に上がるときには、客に「私の後ろに若き人が控えておりますので」と言って持ち上げてくれる細かな気遣いもあった。貞水にとっては、忘れようにも忘れられない大恩人の一人である。「中座読みというのは、確かな腕は持っている。けれども、どちらかと言えば地味な講談師です。後世に名の残るような人ではありませんが、講談の世界はこういう人たちによって支えられてきたのです」と感謝の言葉を尽くす。

そんな燕雄と貞水は、なぜかウマが合った。あるとき、貞春時代に邑井貞吉先生のたばこを貞春が吸いたくてたまらず、貞吉先生の高座の間に三、四本失敬したことがある。すると、貞吉先生はそれに気付いたのか、高座に上がる前にたばこの本数を数えるようになった。燕雄先生、それを見て貞春に「若先生、お覚悟遊ばせ。悪事露見でございます」と時代がかって言ったという。お家騒動ではあるまいし、と若き日の貞春を唖然とさせたのも燕雄だった。

また、燕雄は、木偶坊伯鱗を「伯鱗大兄」、神田松鯉を「松鯉兄」、貞吉を「四代目先生」と呼び分けていた。その理由を貞春が問うと、「貞吉は人物識見ともに抜きんでているから『四代目先生』、伯鱗はネタをつけてくれたから『大兄』、松鯉には世話になっていないが、父上の二代目神田伯山(初代松鯉)にお世話になったから『兄』を付けます」と言うので、貞春が「うちの師匠はどうでしょう」と問うと、「取るに足りず」と一刀両断だった。燕雄には燕雄先生なりの価値観があったらしい。

晩年は『巷談本牧亭』で有名になり、それを上演した前進座の有志が燕雄の家を修理したという。「寝たら星が見えるし、布団に雪も積もる風流な家でしたが、それを大道具の人たちが直したのです。そうしたら、しばらくして亡くなった。僕が『あれで死んじゃった』と言ったら、真面目な方が多い前進座の人がみんな本気でとっちゃったのはおかしかった」

そんな話をしているときの貞水は笑顔が絶えず、実に楽しそうだ。一昔前の本牧亭の楽屋は、そんな個性豊かな講談師ばかりだったから、毎日の楽屋通いが面白かったという。前座としての下働き、芸の修業は厳しいものがあり、辛い側面も多かったが、それを乗り切ることができたのは、先輩方の存在が大きかったと今になって思っている。逆に言えば、それほど楽屋が魅力的だったからこそ、安藤鶴夫の『巷談本牧亭』、より古くは川口松太郎の『人情馬鹿物語』のような小説が生まれたのだろう。いまの楽屋からこうした物語が生まれるか、と言えば、はなはだ疑問である。貞水が本牧亭で過ごした時代は、個性豊かな講談師が最後のまばゆい光を放った時代に他ならなかった。その意味でも、貞水は幸せな時代を過ごしたのである。

五代目宝井馬琴（ばきん）（一九〇三～一九八五年）

五代目一龍斎貞丈とは従兄弟。大正十四年、四代目馬琴に入門して琴桜。琴鶴を経て昭和九年に五代目馬琴を襲名。自由闊達で豪快な高座で人気を博し、参議院議員選挙に立候補するなど話題をまいた。昭和四十六年には御前口演も行う。晩年は講談界の第一人者として君臨。

威圧感があるから近寄りがたく、怖い印象を他の講談師に与えていた馬琴だが、貞水は「講談師に悪い人はいない」という考えの持ち主で、大先輩として敬いながらも遠慮なく会話を交わしたという。貞水の家に子供が生まれたときには、馬琴のおかみさんがお祝いをくれたというから、余計な気遣いなく交際できる関係だったらしい。だからだろうか、馬琴はあるとき修業時代の話を明かし、貞水は思わずもらい泣きをしたと話す。

少年時代、横浜の大きな肉屋で働いていたが、横浜は地形上、坂が多い。お屋敷町を自転車で注文取りに回るだけでも一苦労なのに、配達するため自転車に肉を積んで急坂を登るのが実に辛かった。馬琴はそんな思い出を、涙を流しながら貞水に語った。一見、傍若無人な馬琴の苦労人の一面を知り、貞水も泣いた。馬琴の従兄弟の貞丈は対照的に、ある程度裕福な家だったので、貞丈が講談師になったと聞いて、「政雄(貞丈)がやれるぐらいなら、俺にもできるはずだ」と一念発起して自らも講談師になった経緯がある。だから、貞丈と馬琴は芸のうえではライバルとしてしのぎを削った。貞丈は後日、貞水に「俺が講談師にならなかったら、貞鳳も倅(六代目貞丈)も馬琴もお前も、講談師になっていなかったな。変なものだな」と漏らしたという。

貞丈とはよきライバルではあったが、芸風は全く異なった。馬琴はこれでもか、これでもか、と客を押し込んでいく力強い高座であり、華があって立て板に水の貞丈の芸風とは、百八十度の違いがあった。それでも、互いに芸を認め合う関係だったという。貞水は語る。「馬琴先生の偉いところは、自分が若いころに講談界を牛耳っていた二代目大島伯鶴(はっかく)ら大看板の人たちの芸風をきちんと受け継いだことでしょう。教わったわけではなく、我々の世界で言う、良い意味で芸を盗んだ。その点は偉かったと思います」。貞水が本牧亭の楽屋に入った昭和三十年ごろ、武田信玄の川中島の合戦などの修羅場を迫力たっぷりに馬琴が口演していた。一部の講談師は「年を取ると、こういう修羅場はできなくなるぞ」と陰口をたたいていたが、晩年に至るまでその修羅場の力強さは衰えることがなかった。そういうところも貞水が感心するところであり、「最後まで見事な修羅場でした」と全面的な讃辞を贈る。

性格的には自信過剰なところがあり、終戦直後、講釈場が焼け、有望な講談師が亡くなった状況を悲しんだ田辺南鶴が「講釈界も前途多難だね」と馬琴に話しかけると、当の本人は意気軒高で、「何を言うか、俺がいるじゃないか」と応じたという。貞水に対しても「講談師は日本国民を指導する立場にある」などと語り、参議院議員選挙に立候補するなどして、国士然としていた。

「寛永三馬術」「加賀騒動」のほか、苦労人らしく人情の機微にも通じ、「よもすがら検校」「玉川上水」「八丈島物語」などで、人の情に触れる場面の描写などは、ふだんの豪快な芸風とは異なり、がらりと変化をつけて繊細に読み、聴く人を感動させたという。

五代目神田伯山（一八九八～一九七六年）

師匠と名前を変えながら三代目神田伯山門下で五山を名乗る。三代目桃川如燕（じょえん）などを経て昭和三十二年、五代目伯山を襲名。『大菩薩峠』の講談化で人気を得る。

貞水が講談師になったときは、まだ三代目桃川如燕を名乗っていた。伯山襲名にあたり、本人は

「伯山は三代目までありますが、四代目は二代目神田松鯉兄さんに譲って自分は五代目伯山を襲名します」と言っていた。二代目松鯉は二代目伯山の息子なので、周囲も納得したが、その後、自らを「四代目」と称するようになり、代数を巡って混乱した。貞水は五代目襲名時の挨拶状などを持っている。戦後講談史の証言の一つなので、ここに記述しておく。

貞水は「貫禄十分で話はうまかった。性格的に偏屈なところはありましたが、やさしいところもあって、速記本を気軽に貸してくれたこともあります」と話す。もっとも、速記本を借りて一か月ほど高座に掛けないでいたところ、「高座でやらない奴に本は貸せない」と叱られたことがあるという。芸熱心だったのは確かなようだ。重厚な芸風ゆえ、「楽屋で、伯山が『笹川の花会』を読んでも登場人物がみんな大親分になってしまって、三下が一人も出てこない、などと話していました」。持ち味を生かして、中里介山の人気長編小説『大菩薩峠』を講談に仕立てて大当たりをとり、「伯山中毒」と言われるような熱狂的なファンを獲得した。その功績は長く語り継がれることだろう。

三代目桃川若燕(じゃくえん)（一九〇〇～一九五九年）

大正十四年、二代目桃川若燕に入門。若秀、燕、東燕を経て、昭和二十七年に三代目若燕を襲名。演目の幅広さと熱気あふれる高座で将来を嘱望されたが急逝した。

「この人は、腕は確かな先生で、長生きをしたら絶対に客が付いて、天下を取ったと思います」と貞水は太鼓判を押す。それほど周囲の期待は大きく、実力もあった。急逝したときは、本牧亭の石井英子（ひでこ）が心底、落胆していたのを昨日のことのように記憶している。「蝮（まむし）のおまき」「妲己（だっき）のお百」といった毒婦伝を口演させたら右に出る者はなく、「川中島」「本能寺」「中村仲蔵」「鋳掛松」をはじめ、演目はバラエティーに富み、講談師として脂の乗り切った時期での死だった。惜しむに余りある。

高座はオーバーアクション気味で、客を自分のペースに引き付ける芸風。張り扇（はりおうぎ）を周囲が使う中で、ツケを大いに使ってうるさく、派手な高座を展開していたという。歌舞伎の話、「中村仲蔵」のようなネタのときには、このツケが舞台効果を十二分に発揮して面白味が増し、本牧亭を彩る貴重な講談師だった。講談師の中には「泥臭い」という評もあったが、客は喜び、分かりやすい講談だった。貞水が楽屋に入って初めて葬式を手伝った講談師だったためか、その印象は鮮烈に残っていると話す。

服部伸（しん）（一八八〇～一九七四年）

一心亭辰雄の名で浪曲師として人気者となるが、昭和十一年に講談師に転向。赤穂義士伝、侠客伝、明治の文芸作品、長谷川伸作品などを口演して独自の講談世界を作り上げた。九十二歳まで高座を勤めた。

浪曲師出身のため、最後まで浪曲の癖が抜けなかったという印象が貞水には強いが、それを逆手にとって自分の武器にしていたのでないか、という見方もしている。「わざと癖を抜かなかった可能性もあります。高座では、講談だけで育った人間にはまねができない喋り方をしていました」と話す。ネタの数は多く、文芸講談は一定の評価を得ていたし、作家の長谷川伸から名前の一字をもらった由縁から、長谷川作品を読ませたら絶品だった。ほかにも、伊予松山を舞台にした「八百八狸」というような珍しい話も披露していた。「関の弥太っぺ」「一心太助」「実説瞼の母」のような作品も巧みに読んだという。

貞水にとって忘れられないのが、芸熱心ゆえの融通の利かなさ。前座時分に貞水が服部に「先生すみません、前が延びているので、ちょっと縮めてもらえますか」と頼んでも、「うちでお稽古をして参りました。四十五分かかります」と言って、全く応じようとしない。そのあたりは不器用でかたくなでもあった。貞水は手を焼く一方で、必ずその日に口演するネタを自宅で丁寧にさらってくる真摯な姿勢には、心から敬意を払っていた。

それでも微苦笑を誘う逸話には事欠かない。服部は喋りながら釈台をなでる癖があり、服部の前に桃川燕雄が高座に上がると、燕雄は歯がないので唾が飛ぶ。すると、服部がそれをなでる格好になる。翌日から燕雄の出番の後に貞水が釈台をきれいに拭くことになり、拭き掃除のために貞水が高座に出てくると、事情を知る客がげらげら笑ったことがあったという。また、服部は高座に上がる前に、入れ歯の一部を外して湯のみの中に入れておく癖があり、七代目一龍齋貞山がそれを見て驚愕して、「俺の湯のみは明日から別にしてくれ」と頼み込んだこともあった。

また、ある日には、服部が出番の直前になって「ちょっと失礼して家に行きます」と言い出した。前座時代の貞水は驚いたが、「入れ歯を忘れたから」と言い残して服部は本牧亭から立ち去ってしまった。困り切った貞水に、邑井貞吉が「前座なのだから、高座の穴が空いたときはつなぐのが前座の仕事だ。お前の役目だ」と言って、本来は大看板が出る時間帯に前座の分際だった貞水が高座に上がり、つなぐ羽目になった。それを師匠の貞丈に報告すると、そんな深い時間帯に上がるとはなにごとか、と怒られた。踏んだり蹴ったりというところである。しかし、貞水がこうした服部の思い出話をするときは、どこか楽しそうだ。心底から敬愛の情を抱いていたのだろう。

二代目旭堂南陵（きょくどうなんりょう）（一八七七～一九六五年）

大阪の講談師。大阪に来た東京の四代目正流齋南窓に十八歳で弟子入りし、その後、初代旭堂南陵門下、上京して四代目神田伯龍門下。帰阪して初代旭堂小南陵を経て、明治三十九年に二代目南陵を襲名。衰退した上方講談の灯を守り続けた。

前座時分に貞水は幾度か二代目南陵に会っている。「印象としては、態度も威風堂々としているし、読み始めたら大調子とも言うべき強烈な高座で、これぞ上方講談という風格に満ちていました」と振り返る。落語が東京と上方で大きく異なるように、大阪の講談の読み方は、東京の講談と明らかに違ったという。話のテンポ、運びが大阪の講談は一つ一つ、一小節ずつ積み上げていくような風合で、そのリズム感が豊かだったのが貞水の脳裏に刻まれている。今でも鮮明に記憶しているのが、本牧亭に出演したときに東京の老大家と違ったオーラがあったこと。それは、大阪の講談をたった一人で背負っているというプライドから発せられるものだったと思われる。南陵はいったん高座に上がったら他人より自分の読み物を前面に押し出し、西の大将という自信、意気込み、高座に命がけという強烈な執念を見せつけた。高座に上がった途端、客を圧する一種独特の雰囲気があり、貞水は驚きを超えて心底、芸人として感心させられたと語る。「大阪の講談師は、高座を投げるということがない。いまでもそうだと思います。東京の講談師は気取って、今日の客はだめだ、などと言って下りてきてしまう。一方、大阪の人は、受けるまで客のわきの下をくすぐってやるぞ、という姿勢です。くどいと感じることもありますが、覚悟が違います」と評する。

田辺南鶴は『講談研究』の中で「先生も若い頃は大変な苦労を重ねられて、大阪の講談を今日まで守って来られた。今では大阪では御子息の小南陵師とお二人しかいない。あの大阪講談の妙技を何とか伝えたいものだ」と慨嘆しているが、その後、上方講談は不死鳥のごとく盛り返し、講談師の数も増えた。

貞水は上方講談との交流を積極的に手掛け、湯島天満宮で合同の講談会を近年も開いている。互いに刺激を与えあうことで、レベルを高めようという試みだ。客は、東京にいながらにして上方講談の第一線で活躍する幾人もの講談師の高座を堪能し、大喜びだった。その場に立ち会った筆者も、東西の講談の味わいの違いを肌身に感じることができて、貴重な経験だった。人間国宝として、貞水は東・阪の一種の接着剤のような役割も果たしている。

二代目神田山陽（一九〇九〜二〇〇〇年）

裕福な商家に生まれ、昭和十四年に家業を捨てて品川連山の名で講談界入り。十七年に真打、二十三年に三代目神田小伯山、三十年に二代目山陽を襲名。豊富な演目で講談の伝承に尽くすとともに後進の育成に尽力。講談界が衰微する中で、女性講談師を多く育てた功績は大きい。講談協会会長、後に分裂した日本講談協会会長を務めた。

講談協会分裂の際に、二代目山陽がキーマンだったことは前述した。結局、対立する団体に分かれたが、貞水は山陽に対して悪感情を持っておらず、むしろ親愛の情を抱いており、山陽も貞水に対しては恨みを抱かなかった。山陽の遺言として、田辺一鶴や六代目宝井馬琴と交わった者は破門だが、貞水君はよろしい、という内容が含まれていたという。貞水は言う。「山陽先生は人間的にはいい人なのです。加えて芸熱心でした。ただ、大家の若旦那の気質が最後まで抜けず、その意味で敵に回った人は多かったように思います」。素人芸からプロの講談師になったため、ほんとうの意味での修業の苦労をしていない、という批判は根強くあり、講談組合の事務局長を務めていた時期には一人で先走って行動することが多く、頭取の邑井貞吉に叱られることも度々だった。また、女性の弟子に対して、「稽古をしてあげるから、君はいつが暇なのか」と師匠が弟子にスケジュールを尋ねる態度などが、貞水にとっては師弟のあるべき姿から疑問に感じられ、山陽に対して後輩ながら苦言を呈したこともあった。だが、貞水は陰口を叩かず、直接、山陽に面と向かって言ったので、後を引かなかったという。

こうした山陽の態度は反面、稽古好きということでもあり、稽古のやり方もうまく、講談師の人数が極端に減った時代に後進を多く育て上げた功績は大きいと言わざるを得ない。いまの講談界を支えているのは、山陽門下の女性講談師と、彼女たちに刺激されて講談界入りをした女性たちであり、男性をはるかにしのぐ人数を誇る。貞水はその功績を素直に認めており、亡き父親の風貌を感じさせる山陽の若旦那気質も愛していたことから、悪口を言うことはない。山陽は、世にあって毀誉褒貶の激しかった講談師だったが、以って瞑すべしである。

四代目邑井貞吉(むらい ていきち)**（一八七九〜一九六五年）**

明治二十八年、三代目邑井貞吉に入門して吉弥を名乗る。三十八年に四代目貞吉を襲名。古典のみならず明治ものなどの新講談でも本領を発揮した。戦後、長く講談組合頭取を務めるなど、人望は厚かった。

前述した通り、貞水を講談の世界に導いてくれたのは邑井貞吉である。貞吉と貞水の父の宇晴が古くからの友人関係でなかったら、そして貞水が高校に行くのに嫌気がさして貞吉の家に足を向けなかったら、六代目一龍齋貞水という芸人はこの世に存在しなかった。貞水の入門時には講談組合の頭取だったから、これ以上ない強力な後ろ盾を得て、この世界に足を踏み入れたことになる。その意味でも貞水は幸運であり、前座として入門してから貞吉が没するまでの十年間、直接稽古をしてもらう機会はなかったが、楽屋での何気ないアドバイスの数々がどれほど貞水の血肉となったか、その恩恵は筆舌に尽くしがたい。

世間一般の知名度という点では、貞吉より知られる講談師は幾人もいた。しかし、講談界のみならず、落語界も含めて、演芸の世界ではその芸のうまさ、芸域の広さ、そして人間性に対して、多くの人が畏敬の念を持っていた。ただ、本人はどれだけ持ち上げられても、偉そうな言動は一切なく、「僕は女が大好きでね、満員電車で若い女性が隣に座ると嫌な心持ちはしないものだ」などと淡々と話すのが、なんとも言えずおかしかったという。その意味ではどこか粋なところを残す老大家だった。だから、貞水も前座時代から「自分が年寄りになったら、貞吉先生のようになりたい」と常々思っていたと明かす。略歴にも記した通り、明治ものに一日の長があり、本人も本牧亭の高座によく掛けていた。一方で、古典はと言えば、独自の境地を切り開いていた。「中国の唐代の話をするなど、とんでもなく歴史が古い話をするので驚きました。若いころは『菅原天神記』で客を取ったこともあるそうです」と貞水。その意味では、古典や新作の枠を軽々と飛び越え、今で言うボーダレスな講談師として自らの芸を確立していた。また、貞水は晩年の貞吉の「伊達騒動」を聴き、「『対決』は実に見事でした。なるほど、『伊達騒動』というのは難しい、としみじみ思ったものです。邑井貞吉の『伊達騒動』を聴いてしまったから、かえってその後、なかなかできなくなりました」と吐露する。生涯現役を地で行く講談師の一人であった。

　貞水は、楽屋で様々な助言、芸談を聞く機会があり、今でも高座で思い出す貞吉の言葉が幾つもある。貞水ら若手が、どうやったら名前が売れるか、新しい客を呼び込めるかといった相談をしていたら、貞吉が一言、「君ね、芸人は芸だよ」と釘を刺した。なんとも辛辣な言葉に、みな黙り込んでしまったという。また、あるときは、高座から降りてきた貞水に「君ね、講談師は口だけでなく、目でも喋っているのだから、正面を切れない（見られない）講談師は損だよ」と、話芸の芸人としての基本姿勢を叩き込んだこともあった。そして、貞水の記憶にもっとも鮮明に残っているのが、「君ね、張り扇も喋るのだよ」というお小言。「いつも同じようにポンポン叩くのではなく、あるときは強く、あるときは早く叩いて、張り扇が喋らないといけない。気をつけな」と言われ、以後、意識して張り扇を叩くようになったと話す。ほかにも難しい漢字の講談としての正しい読み方、イントネーションに至るまで、細かく教示してくれ、自らの講談師としての貴重な財産になったと貞水は感謝する。貞水が一本調子で喋っているときには、「君、講釈というのは、こうなって、こうなって……」と、手真似で調子の上下を教えてくれた。「速記本だけでは分からないことを随分と教わりました。これからの若い講談師は、貞吉先生のような存在がいないので、知らぬ間に間違いを犯し、苦労するでしょう」と将来を案じる。そして、もう一つ。貞水にとって忘れられないのが、無本が常道の講談にあって、釈台に本を置き、それを読んでいた貞吉の姿である。「高座で本を読むというのは凄い芸なのです。ものすごく難しい。読んでいると、目が下ばかり向いてしまう。前を向くと今度はどこを読んでいるか分からなくなる」。それを平然とやってのけた貞吉の芸の高みを貞水は絶讃する。

貞水にとって、心残りなのは、真打になるときには亡くなっていたことである。「最後まで僕のことは心配してくれました。真打になったら、披露興行で口上を言ってもらいたいという希望があったのです」。貞吉は貞水を思い、貞水は貞吉を慕う。師弟関係とは異なる強固な結びつきが、そこにはあったのである。

二代目神田ろ山（一九〇八〜一九八四年）

大正十四年、初代神田ろ山に入門して晴山。昭和十二年、桜山と改名。二十一年、二代目ろ山を襲名。晩年は病を得て、名跡を弟子に譲り、自らは寿山と名乗る。

ろ山という名跡は、初代が俠客伝などで売り出し、全国的に名が知られた。貞水によると、浪曲の広沢虎造が「『次郎長』を三代目神田伯山から習った」と語っているが、ほんとうは初代のろ山を追いかけまわして「次郎長」を身につけたというのが実説だという。「石松三十石船」という演目の中の「寿司くいねえ、神田の生まれだってねえ、江戸っ子だってねえ」というのは、初代ろ山の口調そのままだというのが、貞水が楽屋で聞いた話である。初代は、それほどの有名人だったから、二代目は襲名当初、大変苦労をしたという。ある炭鉱の慰問に言って講談を読んだところ、お客が「ろ山はそんなに下手な講談師じゃない。お前は偽物だろう。金を返せ」と大騒ぎになり、ほうほうのていで逃げ帰ったという逸話がある。ラジオしか全国的なメディアがなかった時代、そんな悲喜劇が起こりえたのである。

高座は面白かったという。前座になりたてのころ、貞水はろ山の高座を見てびっくりした。話の途中でいきなり駆け出すようなアクロバティックな高座だったからだ。慌てて桃川燕雄に貞水がその様子を報告したところ、燕雄は淡々とした口調で「そんなことで驚いてはいけない。日がたてばもっと驚く。高座でバタバタ暴れまわるぞ」と答えたという。そんな高座だから、客の評価も真っ二つに分かれ、嫌う客がいる一方で、ファンも多かった。作家の松本清張もろ山のファンで、貞水も幾度かろ山独演会で清張の姿を見ている。その縁もあり、松本清張作品を新作として高座に掛け、人気を博した。また、師匠譲りの侠客伝もうまく、「国定忠治」がろ山の十八番で、忠治の口上を述べる場面を読んでいるときは、貞水もほれぼれするような高座だったという。「何度聴いても驚嘆してしまいました」と振り返る。その意味では、腕は確かな講談師だった。

「人はすごくいいのですが、おっかないところもあって、割り前が二十円違って激怒する場面に遭遇したことがあります」とも付け加える。邑井貞吉はそんな姿を見て、「ろ山はヒロポンを打ちすぎて後遺症があるから」と言ってからかっていた。楽屋では、自分のことを「あたい」と呼ぶ癖があることから、「あたいの先生」と前座たちに陰で呼ばれていた。身なりも構わないため、粋という表現からは遠い存在だった。貞水が講談組合の忘年会などでろ山の物まねをすると大受けだったというエピソードもあり、その意味では愛すべきキャラクターだったようだ。

七代目一龍齋貞山（ていざん）（一九〇七〜一九六六年）

大正十一年、六代目一龍齋貞山に入門して貞之助。昭和六年、六代目貞鏡に改めて真打。二十二年、七代目貞山を襲名。長らく講談組合の副頭取を務めるなど重鎮として活躍。怪談が得意で、「お化けの貞山」と呼ばれた。

立体怪談などを持ちネタとする貞水にとって、七代目貞山から学んだことは多かった。前座時分には貞山の怪談の手伝いを頼まれることがしばしばあり、銅鑼を叩いたり、按摩笛を吹いたりする場面で、貞水が「どのタイミングでやればいいですか？」と気軽に聞いたところ、貞山は真剣そのものの表情で「君が、喋っている僕の気持ちになって叩いたり吹いたりしてくれないと、間が合わない」と言われ、貞水も気持ちを引き締めて真剣に高座を聴いてタイミングを合わせたという。緊張感を持って貞山の怪談を聴いて自己の血肉としたという意味では、立体怪談を作り上げる上で、恩人の一人と言えるのではないか。

決して器用なタイプの講談師ではなかった。それを自覚してか、血の滲むような稽古をした人だという。貞水が鮮明に覚えているのは、晩年、高血圧で倒れた後の出来事だ。大ベテランにもかかわらず、本牧亭に朝早く来て、貞水ら前座が来る前から高座に上がり、幕を閉めたまま、本来は前座が読むような修羅場の稽古をしていた。「一席、勉強をさせていただきます。頃は元亀三年……」とやり始め、その鬼気迫る稽古ぶり、芸熱心なところには、貞水も前座ながら心を打たれた。「非常にまじめな人でした」と回顧する。

まじめで几帳面なところは高座全体に表れ、ある講談師の真打披露興行の口上にあたり、わざわざ言うことを紙に書いてきたのみならず、途中で口ごもると、「もとい」と言って最初からやり直す。また、後輩思いでもあり、貞水が古着屋で買った着古した着物を身につけていると、おかみさんに「俺の着物を持ってきてあげな。どうせなら、いい着物をあげろ」と言ってくれたこともあった。田辺一鶴が五代目宝井馬琴に「お前はいつまでたってもうまくならない」と叱られると、貞山はしょげている一鶴に「僕は師匠から『三方ヶ原』を七年間やらされた。だから、そんなにがっかりすることはない」と慰める姿も見ている。

貞山は本来、役者志望だったという。ところが、師匠の六代目貞山がこの弟子を非常に気に入り、可愛がっていた。ある場所に仕事に出かけたところ、隣が芝居小屋だった。六代目貞山は暑いさなかだったが、芝居小屋のほうの窓を一切、開けさせなかったという逸話が残る。「あの野郎が役者になりたがっちまう」という理由からだ。それほど、自分の手元に置いておきたかったのだろう。若き日から将来を嘱望されていた。そして、本人もその期待に応えた。

貞水は七代目貞山に可愛がられ、口跡の良さから客に貞山の弟子によく間違えられた。その話を聞いた貞山は大いに喜び、「君は僕の弟子に間違えられるんだってなあ」と言うので、貞水が正直に「困っているのです」とぼやくと、貞山は「困ることはないじゃないか」と笑顔で言ってくれたという。貞水はいまも、その時の満面の笑みを覚えている。

一龍齋貞鳳(ていほう)**(一九二六～二〇一六年)**

昭和二十一年、五代目一龍齋貞丈に入門、貞鳳を名乗る。若手人気講談師として売り出すかたわら、昭和三十一年から放映されたNHKテレビ「お笑い三人組」に出演して全国的な人気を博す。四十六年の参議院議員選挙で当選して政界に進出。以後、講談界から遠ざかった。

前述したように貞水の兄弟子にあたる。貞水は「戦後の講談師の中では、抜きんでた才能を持っていた人でした」と振り返る。師匠の貞丈も貞鳳の才能を認め、「あいつはなんだか分からないけれど、本題から外れて訳の分からないことを喋らせると、格段に面白んだよなあ」と話していた。田辺南鶴の『講談研究』では、貞鳳を評して「ラジオにテレビに舞台に活躍し、数少ない若手の中でともかく貞丈さんの弟子で講談の貞鳳という名を、色々な意味で各界の人やお客様に知らせた力は大きい。芸の根本は昔も今も変ら〔ママ〕ないが、その時代時代で進み方生き方に多少の変化はあると思う」と記述している。戦後、講談師の数が著しく減り、定席も空襲で燃えてしまった時代にあって、講談という芸、講談師という芸人が存在する、ということを当時の新興メディアであるテレビの番組「お笑い三人組」を通じて全国に知らしめた功績は大だろう。

一方で狭い講談の世界にあって、売れている貞鳳を目の敵にした講談師も少なからずいたという。貞水はそのことについて多くを語らないが、「売れた人間の悪口を言うのは、どんな理由があっても、ひがんでいるとしか思えなかった」と話す。貞水が入門したころは、すでに講談界の大スターであり、テレビをつければ貞鳳、ラジオを聴けば貞丈、という時代だった。貞鳳の高座について貞水は、「歯切れが良くて、滑舌も滑らかで、いい味を出していたと思います」と好印象ばかりが残っている。テレビで売れっ子になっても本牧亭にはきちんと出て、高座を勤めていたことも特筆されよう。だが、参議院議員になってからは、講談の世界から足を洗ってしまった。古典も新作も上手にこなす才能があっただけに、講談界にとっては惜しまれる人材であった。

木偶坊伯鱗（一八八五〜一九六五年）

十三歳で三代目神田伯山に入門、松山と名乗る。詳しい経歴は不明だが、高座は極めて地味で、淡々と読んでいく「本朝水滸伝」「天一坊」「柳沢騒動」などに、味があったという。田邊孝治は「昔の本格の講釈の形、古格を正しく伝える人」と評している。

貞水に対して、桃川燕雄以上にネタをつけたのが伯鱗。燕雄も伯鱗から修羅場を教わっている。貞水によると、伯鱗は三代目神田伯山の総領弟子だったが、あるときに看板を下ろして講談組合の番頭になり、再度、講談師になったという。一度は講談界から身を引いたという負い目があるからか、万事控えめな性格だった。燕雄はそんな伯鱗を尊敬しており、「伯鱗大兄」と呼んでいたことは既述した。燕雄にとって一番尊敬に値する講談師は伯鱗だった。ネタの数は豊富で、貞水は伯鱗から「曾我物語」「田宮坊太郎（金比羅利生記）」「仙石騒動」「難波戦記（真田幸村）」などの手ほどきを受けている。

貞水は前座時代、伯鱗から長い話を教わり、毎日教わった部分を本牧亭の高座に掛け、それを燕雄が楽屋で聴き、間違えたところを直してもらうという役割分担ができていた。貞水にとっては究極の英才教育と言えよう。貞水が伯鱗のところに鉛筆とノートを持って行く。そして、「点取本」

を作り、高座に掛けるわけだが、稽古のすぐ後にお客の前で実演できるわけだから、貞水の力がめきめき付いていったのも定席の本牧亭があってこそだった。貞水は記憶力も良かったから、点取の間の部分も大抵は覚えていたという。それでも伯鱗は「あんちゃんはかわいそうだよ。昔は前座でも昼夜二軒ぐらいは回ったものだった。だから、稽古の後にすぐ二回もやれば、大体は覚えられた」と同情していた。

貞水が伯鱗の稽古でよく言われたのは、「講談を本で覚えるな」ということだった。速記本の講談は、ほとんど高座に上がらない人が書く「読み講談」だからだ、というのが理由だった。川口松太郎の『人情馬鹿物語』の悟道軒（ごどうけん）円玉は、講談のネタを速記者相手に読む講談師が主人公である。速記本の雑誌や書籍はページ数が決まっているから、本来は長短あるはずの講談でもページ数に合わせて伸縮してしまう。だから伯鱗は「本で覚えちゃいけねえ。どうしても本で覚えなきゃいけないものは、俺も知らないものだけにしろ」と言い聞かせた。伯鱗は速記本を丹念に見て、「この話にはこんな場面はない」「こんな筋はあり得ない」「ほかの話の一部を持ってきている」などとチェックしてくれた。まっさらな貞水に対して、正しい講談を伝えようという伯鱗の意気込みが伝わってくるかのようなエピソードだ。

師匠の貞丈が忙しいから、自然と貞水の稽古は伯鱗ら老講談師が相手になる。前述したように、「自分はもう年寄りだ。いまから世に出る野望はない。ただ、自分は今日に至るまで講談一筋にやってきたというプライドはあり、何とかして自分たちが培ってきたものを誰かに残したい」という伯鱗や燕雄ら老講談師の望みの綱が若き日の貞水だった。貞水は伯鱗の講談について、「ファンはいても隠れた存在でした。いかにも明治の講談という芸風を戦後まで保ち、講談のネタは一番しっかりしたものを持っていました」と語り、尊敬と感謝の念は果てしがない。伯鱗らの、後進に何とか講談を残さなくては、という使命感のような執念に、貞水もよくこたえたと筆者は感嘆の念を覚える。

伯鱗生き写しの貞春の高座を見て、「この子はもうだめだ。一番売れねえ講談師の変な癖がうつった」と先行きを嘆く向きはあったものの、そういう些事を超越した講談のエッセンスのようなものを、貞水はみずみずしい感受性で会得した。そして自らの体内で消化し、古格を守って高座で表現した。だからこそその人間国宝認定であり、伝統話芸・講談の継承者なのである。貞水の体は一つだが、その内部には無数の講談師たちの芸が分厚い地層となって蓄積されている。高座を勤める貞水の背後には、有名無名を問わず数限りない講談師たちが身を削って築き上げてきた講談という芸がある。その芸が見えるかどうか。筆者を含めた聴き手もまた、芸に対して真正面から対峙する心構えが必要とされるのだろう。伝統の芸の鑑賞は、そういう地層を感じ取れるかどうかにかかっていると筆者は思う。

田辺一鶴（いっかく）（一九二九〜二〇〇九年）

吃音を治すために十二代目田辺南鶴による講談学校に参加して、昭和二十九年に入門。四十八年に真打。新作講談「東京オリンピック」が大きな話題になるなど、アイデアマンとして活躍。奇矯な生活や行動でも注目を集めた。

「前座時代は吃音がひどく、下手をすると高座で五分ぐらい声が出てこない。ところが、喋りだすと止まらなくなる。若いころから変わった人でした」と貞水。奇行の多かった一鶴だが、貞水にとっては恩人でもあった。「入門後、楽屋の作法を教えてくれたのが前座の先輩だった一鶴さんですから」。後になって、「大変な人に教わっちゃった」としゃれで当の一鶴に言うと、怒るどころか喜んでいたというから、やはり変わり者なのだろう。目の前のことしか見えないタイプで、楽屋で目配り、気配りをするといった仕事が大の苦手。それでも、楽屋の先輩方から「しょうがねえなあ、一鶴は」というぼやきで許されてしまうのだから、これも人徳というもの。もっとも、七代目一龍齋貞山のように、「一鶴が入れたお茶は飲まん」と断固言い張って、自分で入れる向きもあった。いまとなっては、笑い話である。だから、後年、「東京オリンピック」で一世を風靡するとは、だれも思いもしなかっただけに、貞水の師匠の貞丈は「オリンピックで売れてよかったなあ」と涙を流して我がことのように喜んだという。

貞水いわく「一鶴さんは善人を絵で描いたような人」。だから、一度爆発的に売れたら、全国で自分を知らぬ者はいないはず、と思い込んでしまう。どこへ行っても、「はい、一鶴さんです」と自分をアピールする癖があった。あるとき、講談師仲間で移動中、電車が隅田川の上で止まってしまったことがあった。すると、一鶴は車内で「ご退屈様でいらっしゃいましょう。一鶴さんです」と言って、講談を読み始めた。貞水らは一緒にいるのが恥ずかしいので、一鶴を残して別の車両に移ったが、その車両から「こっちでもやってくれ」と座敷がかかり、一鶴は喜び勇んでやってきて、また一席読んだという。「人が五人以上集まっていると一席やりたがる人」というのが貞水評で、町工場のグラウンドのそばを歩いていたら、運動をしている社員がいたので、一鶴は金網に文字通りへばりついて、「みなさん、こちらに来てください。集まってください」と叫んで一席やろうとする。その執念には驚き、呆れたという。貞水は最晩年まで付き合いがあったが、そうした性格は全く変わらなかったそうで、「なにをやっても憎めない人」と振り返る。

あとがき

新日本古典文学大系 明治編『講談 人情咄集』（岩波書店）の解説の中で、延広真治は次のように記している。

「安政年間（一八五四－六〇）の『大江戸都会荒増日勘定』（三田村鳶魚『娯楽の江戸』恵風館、大正十四年刊）によると、軍談の席が二二〇軒に対して、はなしの席は一七二軒とあり、寄席より講釈場の方が多かった」「講釈場は和漢の歴史を中心とする耳学問の場であり、じっくりと聞き込んで初めて良さのわかる講談は、娯楽が少なく、ゆったりと時が流れていた時代には実にふさわしい芸能であった」

現代のすべてがスピード重視の時代にあって、日本の伝統話芸である講談はその使命を終えたのであろうか。現在の講談界を俯瞰したならば、女性講談師や若手の有望株もいて、講談を愛好し、耳を傾ける向きもなくはない。だが、平成・令和の時代にあって、幾度かにわたる落語ブームはあっても、講談ブームという言葉は、寡聞にして耳にすることがない。人間国宝こそ、この書で取り上げた一龍斎貞水師に続き、神田松鯉師も認定され、新聞はじめマスコミで報じられることはあっても、それは一過性のニュースであり、講談が今、一般大衆にとって遠い存在であることは間違いないところであろう。

筆者は小学生時代から落語好きな少年であり、寄席にも通ったが、講談に親しむ機会はほとんどなかった。長じて新聞記者を生業とすることとなり、ひょんな契機から貞水師を知ることになったが、当初は、取材相手を包み込むような人間性の大きさに心惹かれたのであり、芸そのものに接したのは、もう三十歳を超えてからのことだった。個人的なことになるが、当時、重い鬱病に苦しみながら仕事をしていた筆者は、上野の本牧亭（閉場した定席の本牧亭ではなく、料理屋として再出発したスペース）で、貞水師が「赤穂義士本伝」を月に一回、連続で読むと聞き、気分転換のつもりで足を運んだ。

三十人ほどでいっぱいになる狭い空間で、貞水師の芸に間近に触れた筆者は、雷に打たれたような衝撃を受けた。まさしく至芸と呼ぶべきものであり、圧倒的な吸引力を持って忠臣蔵の世界に聴衆を引き込む貞水師の芸のとりこになった。それ以来、月に一回の連続講談が筆者の唯一の慰藉となり、その間だけが、自らの病を忘れさせてくれる宝玉のような時間となった。それ以来、貞水師の怪談などにも足繁く通うようになり、ＣＤも聴き、感銘は日々深くなる一方であった。講談は平成・令和の御代に、確かに息づいていた。

その感動を岩波書店編集者の中嶋裕子氏に語ったところ、本にしてはどうか、とのお誘いを受け、貞水師も快諾し、数え切れぬほどの回数、その人生や芸談などを聞く機会を得た。私の怠惰ゆえ、長い歳月がかかり、ご迷惑をお掛けしたが、こうして一冊の本になったのは、ひとえに貞水師の厚意、マネジャーを務める神和住岳士氏(影向舎)のご尽力、中嶋氏の辛抱強さに負うところ大である。そして、執筆を励ましてくれた演劇評論家の渡辺保氏、演芸・演劇評論家の矢野誠一氏の恩も忘れ難い。伏して御礼を申し上げる。

この書を、講談という伝統話芸の継承に生涯を捧げながら、世人に忘れ去られた講談師たちに捧げようと思う。

令和二年五月

塩崎淳一郎

参考文献

阿部主計『伝統話芸・講談のすべて』雄山閣出版　一九九九年
有竹修二『講談・伝統の話芸』朝日新聞社　一九七三年
安藤鶴夫『巷談本牧亭』（河出文庫）河出書房新社　二〇〇八年
『生きている貞丈』私家版　一九六八年
石井英子『本牧亭の灯は消えず』駸々堂出版　一九九一年
一龍齋貞水『心を揺さぶる語り方』（生活人新書）ＮＨＫ出版　二〇〇七年
一龍齋貞鳳『話の幕間』オリオン社　一九六六年
一龍齋貞鳳『講談師ただいま24人』朝日新聞社　一九六八年
川口松太郎『人情馬鹿物語』（復刊）論創社　二〇〇九年
川口松太郎『続 人情馬鹿物語』（復刊）論創社　二〇〇九年
ＫＡＷＡＤＥ道の手帖『生誕１００年記念総特集　安藤鶴夫』河出書房新社　二〇〇八年
神田香織『乱世を生き抜く語り口を持て』インパクト出版会　二〇一〇年
神田山陽（二代目）『桂馬の高跳び』光文社　一九八六年
神田伯龍（六代目）・河竹登志夫・関山和夫編『世話講談』三一書房　一九八二年
菊池真一編『講談資料集成　全三巻』和泉書院　二〇〇一～〇四年
倉田喜弘『芝居小屋と寄席の近代』岩波書店　二〇〇六年
倉田喜弘・藤波隆之編『日本芸能人名事典』三省堂　一九九五年

『講談全集』全十二巻　大日本雄辯會講談社　一九二八～二九年
『講談名作全集』全五巻　普通社　一九六一年
国立劇場講談調査推進委員会『平成十三年度講談記録作成事業報告書』　二〇〇二年
斎田作楽『狂講　深井志道軒』平凡社　二〇一四年
佐野孝『講談五百年』鶴書房　一九四三年
三遊亭圓生（六代目）『明治の寄席芸人』青蛙房　二〇〇一年
週刊人間国宝69　週刊朝日百科『芸能・演芸』朝日新聞社　二〇〇七年
関根黙庵『講談落語考』雄山閣出版　一九六〇年
関根黙庵『講談落語今昔譚』（東洋文庫）平凡社　一九九九年
瀬戸内晴美『花野』文藝春秋新社　一九六四年
大衆芸能資料集成　第五巻『寄席芸Ⅱ　講談』三一書房　一九八一年
宝井琴桜『張扇一筋　ジェンダー講談』悠飛社　二〇〇二年
宝井琴星監修・稲田和浩ほか著『おやこで楽しむ講談入門』彩流社　二〇一八年
宝井馬琴（六代目）『講釈師　見てきたような…』海南書房　一九八七年
宝井馬琴（六代目）『道は講釈に通ず』柏樹社　一九九一年
『復刻　立川文庫傑作選』全二十一巻　講談社　一九七四年
立間祥介編訳『中国講談選』（東洋文庫）平凡社　一九六九年
田辺南鶴（十二代目）『講談研究』私家版　一九六五年
『定本　講談名作全集』全八巻　講談社　一九七一年
日本の古典芸能9『寄席』平凡社　一九七一年
延広真治校注『講談　人情咄集』（新日本文学大系　明治編7）岩波書店　二〇〇八年
野村無名庵『本朝話人伝』（中公文庫）中央公論社　一九八三年

藤田洋『おもしろ講談ばなし』 NHK出版 一九九二年
正岡容『定本 正岡容寄席随筆』 岩波書店 二〇〇六年
影向舎『一龍齋貞水高座六十年記念公演パンフ』 二〇一五年
吉川潮『本牧亭の鳶』 ランダムハウス講談社 二〇〇七年
吉沢英明編『講談昭和編年史 前期・中期・後期』 私家版 一九八九年
吉沢英明編著『講談作品事典 上・中・下・続』「講談作品事典」刊行会 二〇〇八年
吉田修『東都講談師物語』 中央公論事業出版 二〇一七年
渡辺保『増補版 歌舞伎手帖』(角川文庫) 角川学芸出版 二〇一二年

一龍齋貞水・講談年表

昭和14年	**6月29日、東京・湯島天神下に出生。**
	東京講談組合頭取の六代目一龍齋貞山が東京落語協会の会長を兼任。
昭和15年	東京講談組合、東京落語協会、日本芸術協会が合流して「講談落語協会」を結成。会長に貞山。
	放送局で係が一度聴いてから放送する「テスト制」導入。
	講談師が協議し、博徒に関するもの、白浪もの、毒婦ものの口演を廃止。
	川口松太郎の『人情馬鹿物語』のモデルとなった五代目悟道軒円玉死去。
	二代目放牛舎桃林死去。
	三代目神田伯治死去。
昭和18年	講談落語協会、東京漫談協会、日本奇術協会、大日本大神楽曲芸協会が「日本演芸協会」を結成。会長に貞山。
昭和19年	五代目一龍齋貞水(太田貞水)死去。
昭和20年	六代目一龍齋貞山戦災死。
	講談などの話芸の研究家で『本朝話人伝』を著した野村無名庵戦災死。
昭和21年	大日本芸能会解散。
	講談研究会発足(会長・長谷川伸、主事・今村信雄)。
	二代目大島伯鶴死去。
	初代神田ろ山死去。
	大谷内越山死去。
	東京講談組合発足(頭取・神田伯龍、副頭取・小金井芦州、神田山陽、幹事長・宝井馬琴、幹事・一龍齋貞丈、一龍齋貞鏡)。
昭和22年	寄席演芸の研究会「三十日会」発足(会長・正岡容、副会長・柳家小さん)。
	二代目桃川若燕死去。
昭和23年	初代神田山陽死去。
	講談定席・本牧亭が東京・上野に復活。

昭和 24 年	四代目小金井芦州死去。
	五代目神田伯龍死去。
昭和 26 年	「講談研究会」設立(本牧亭での講談師の勉強会)。
昭和 28 年	講談ファンに向けた「講談学校」開校(総長・一龍齋貞丈、校長・田辺南鶴)。
昭和 29 年	「寄席大学」が本牧亭で開校(講談科主任・一龍齋貞丈)。
	五代目田辺南龍死去。
昭和 30 年	**高校入学後間もなく五代目一龍齋貞丈に入門。貞春を名乗り本牧亭で初高座。**
昭和 33 年	講談の史跡を巡り、講談師がガイドを務める「講談バス」の運行開始。
	貞春らがメンバーの「講談若い人の会」プロデュース。
	作家・演芸研究家の正岡容死去。
	一龍齋貞寿(山野一郎)死去。
昭和 34 年	三代目桃川若燕死去。
	ファン拡大のため「講談教室」が開校。
	演芸研究家の今村信雄死去。
昭和 35 年	本牧亭改築完成。
	勉強会の「貞春の会」を本牧亭で開始。
	この頃から「立体怪談」を始める。
昭和 36 年	小金井桜洲死去。
	この頃、貞春と宝井琴調(六代目宝井馬琴)の勉強会「春調会」開始。
昭和 38 年	桃川燕雄を主人公にした安藤鶴夫の『巷談本牧亭』が第 50 回直木賞受賞。
昭和 39 年	桃川燕雄死去。
昭和 40 年	**二つ目格に昇格。**
	四代目邑井貞吉死去。
	木偶坊伯鱗死去。
	十二代目田辺南鶴著の『講談研究』刊行。
	上方講談の二代目旭堂南陵死去。
	一龍齋貞丈、講談組合頭取に就任。宝井馬琴、神田伯山脱退。
昭和 41 年	**琴調、田辺一鶴と「トリオ・ザ・コウダン」結成。**
	真打昇進。六代目一龍齋貞水を襲名。
	本牧亭で「一龍齋貞水の会」を定期的に開始。

	国井紫香死去。
	七代目一龍斎貞山死去。
昭和 42 年	**ゆき子と結婚。**
	宝井馬琴、神田伯山が講談組合に復帰。
	二代目神田松鯉死去。
昭和 43 年	**五代目一龍齋貞丈死去。**
	講談組合が講談協会と改称。
	十二代目田辺南鶴死去。
昭和 45 年	講談協会会長に二代目神田山陽。
昭和 46 年	日本演芸家連合が発足。
	一龍斎貞鳳が参議院議員に当選。
昭和 47 年	本牧亭改築。木造建築から鉄筋コンクリートに。
	宝井琴窓死去。
昭和 48 年	**「貞水・琴鶴二人会」を本牧亭で開始。**
	天の夕づるのポルノ講談を巡って講談協会が解散。
	神田山陽一門と田辺一鶴らが「日本講談協会」を旗揚げ。
	反山陽派は合議制の「講談組合」を発足。貞水も組合派に。
	フリーの宝井馬琴が代表となって「講談評議会」発足。
昭和 49 年	「講談組合」から宝井琴鶴ら 4 人が脱退、別派を組織。
	服部伸死去。
昭和 50 年	**文化庁芸術祭優秀賞を「鉢の木」で受賞。**
	この頃から学校公演を始める。
昭和 51 年	**放送演芸大賞講談部門賞を受賞。**
	馬場光陽死去。
	五代目神田伯山死去。
昭和 55 年	**若手講談師のために自宅を「講談湯島道場」として開放。**
	三派に分裂していた講談界が一本化し、「講談協会」(会長・宝井馬琴)発足。
	天の夕づる廃業。
昭和 56 年	**テレビの「アニメ怪談」に出演。**
昭和 58 年	二代目伊藤痴遊死去。
昭和 59 年	神田寿山(二代目ろ山)死去。
昭和 60 年	**湯島天満宮で隔月の会「燕晋亭」を開催。**
	五代目宝井馬琴死去。
平成 元 年	三代目神田ろ山死去。

一龍齋貞水・講談年表

平成 2年	唯一の講談の定席だった本牧亭が閉場。
平成 3年	神田山陽一門が講談協会を脱退、日本講談協会を設立。
平成 8年	**一人芝居「鬼平犯科帳」を上演。**
平成 9年	**「四谷怪談」全編を読み切り、全5巻のCDを発売。**
平成10年	**「赤穂義士本伝」全編を読み切り、全15巻のCDを発売。**
平成11年	**下町人間庶民文化賞受賞。**
平成12年	二代目神田山陽死去。
平成14年	**講談協会会長に就任。**
	人間国宝＝重要無形文化財保持者(講談)に認定。
平成15年	**文京区区民栄誉賞を受賞。**
	浅草公会堂前のスター広場に手形を顕彰。
	湯島天満宮で「講談・湯島道場」を開始。
	六代目小金井芦州死去。
	六代目一龍齋貞丈死去。
平成17年	**ジャズダンサーの三代真史とのコラボで「忠臣の義」公演。**
	ゲームソフトのホラーゲームに出演。
	湯島天満宮境内に「講談高座発祥の地」の碑を建立。
	ヨーロッパ(ベルギー、ドイツ、フランス)ツアーを開催。
平成18年	六代目神田伯龍死去。
平成21年	**旭日小綬章受章。**
	京劇とのコラボ公演「西遊記」開催。
	田辺一鶴死去。
平成23年	**湯島天満宮で「連続講談の会」を月に1回のペースで開催。**
平成27年	**高座60周年を迎え、記念の会を開権。**
	六代目宝井馬琴死去。
平成28年	一龍齋貞鳳死去。
令和 元 年	**満80歳を迎える。**

塩崎淳一郎
1971年生まれ．慶應義塾大学文学部卒業後，読売新聞社に入社．文化部で古典芸能などを担当し，現在は読売新聞東京本社クロスメディア部記者．

評伝 一龍齋貞水 講談人生六十余年

2020年6月5日 第1刷発行

著 者 塩崎淳一郎（しおざきじゅんいちろう）

発行者 岡本 厚

発行所 株式会社 岩波書店
〒101-8002 東京都千代田区一ツ橋2-5-5
電話案内 03-5210-4000
https://www.iwanami.co.jp/

印刷・法令印刷 カバー・半七印刷 製本・松岳社

ISBN 978-4-00-061407-8 Printed in Japan

昭和の演藝 二〇講　矢野誠一　四六判二一四頁 本体二三〇〇円

山川静夫の文楽思い出ばなし　山川静夫　四六判一六八頁 本体一七〇〇円

どこからお話ししましょうか 柳家小三治自伝　柳家小三治　四六判二二〇頁 本体一五〇〇円

歌右衛門の六十年 ―ひとつの昭和歌舞伎史―　中村歌右衛門 山川静夫　岩波新書 本体七二〇円

黙阿弥の明治維新　渡辺保　岩波現代文庫 本体一一六〇円

坂東三津五郎 踊りの愉しみ　坂東三津五郎 長谷部浩編　岩波現代文庫 本体一一六〇円